しんどい母から逃げる!!

いったん親のせいにしてみたら案外うまくいった

EIKO TABUSA
田房永子

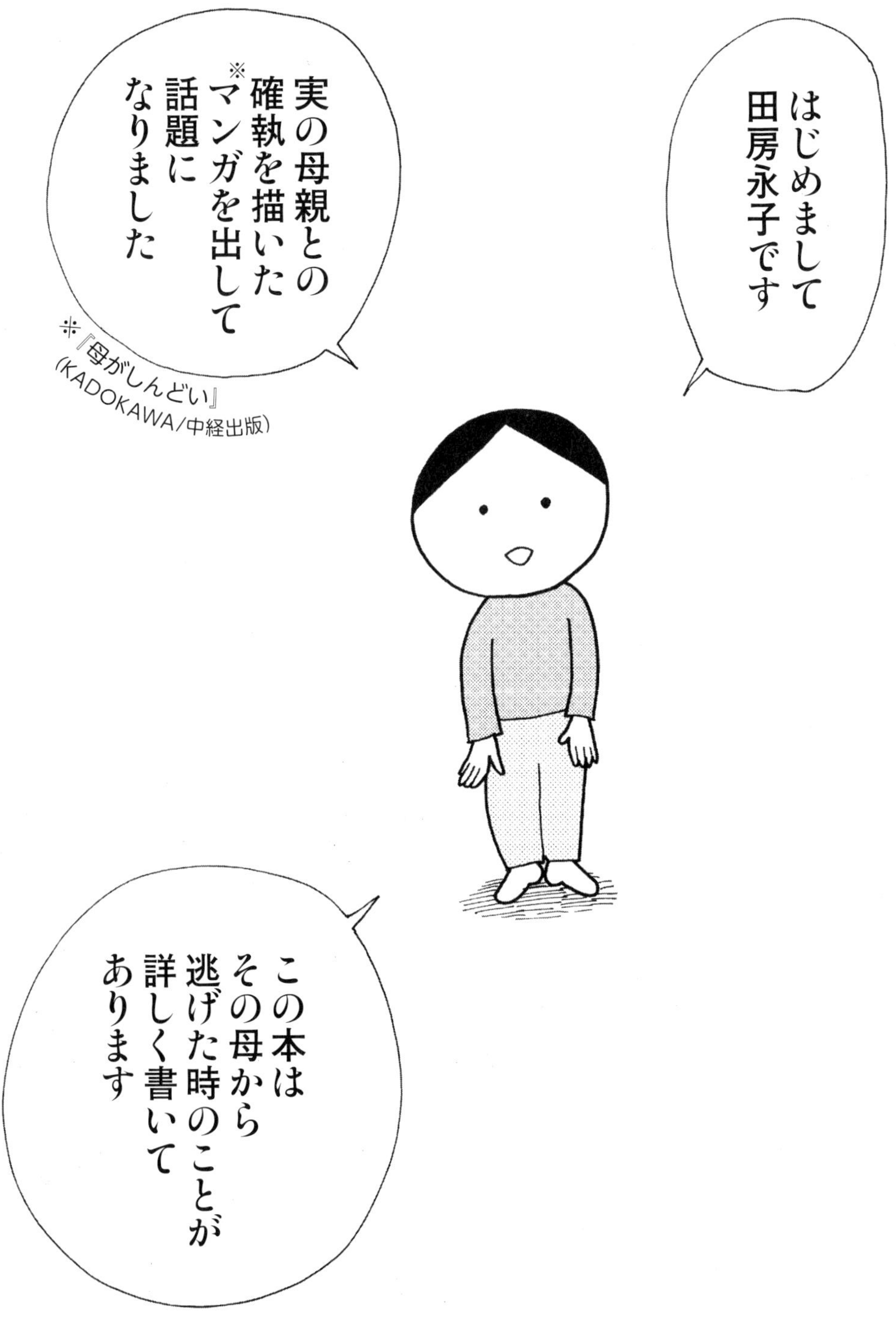
はじめまして田房永子です
実の母親との確執を描いた※マンガを出して話題になりました
※『母がしんどい』(KADOKAWA/中経出版)
この本はその母から逃げた時のことが詳しく書いてあります

私はずっと心理的には
母と一体化したような感じで

生きてきました

どんなに
拒否しても
拒絶しても

意に介さず
なお、くっついてくる母

29歳の時、
離れる作業を開始しました

いまだに
納得できない
出来事
から

本当は
親が悪かった
んだ
を引いて

私は悪く
なかった
を体と心に残す作業

ちゃんと
「親のせい」に
する

これがとても
大切

「親のせいにする」というキーワードは刺激的で抵抗があるものです
あれは親のせいだった
私には関係ないと思ってた
罪悪感
タブー感
でもそこにあえて飛び込んでみると
えいやっ
新しい自分に出会えたりします
あっ！そういうことだったんだ‼
心が軽い！
息がすえる
では始まります！

しんどい母から逃げる!!
～いったん親のせいにしてみたら案外うまくいった～

もくじ

お前は私の言うこと聞いてりゃいいんだよ!
やめて〜
助けて〜

モコ
納得できない
モコ
モコ

私ってそんなに悪いの?

そういう考え方も
あるのかもしれない
けど、今の私には
言わないで――!!

ベリベリ
ポイ
親のせい
池の水をいったん全部抜いてキレイにするのと同じ

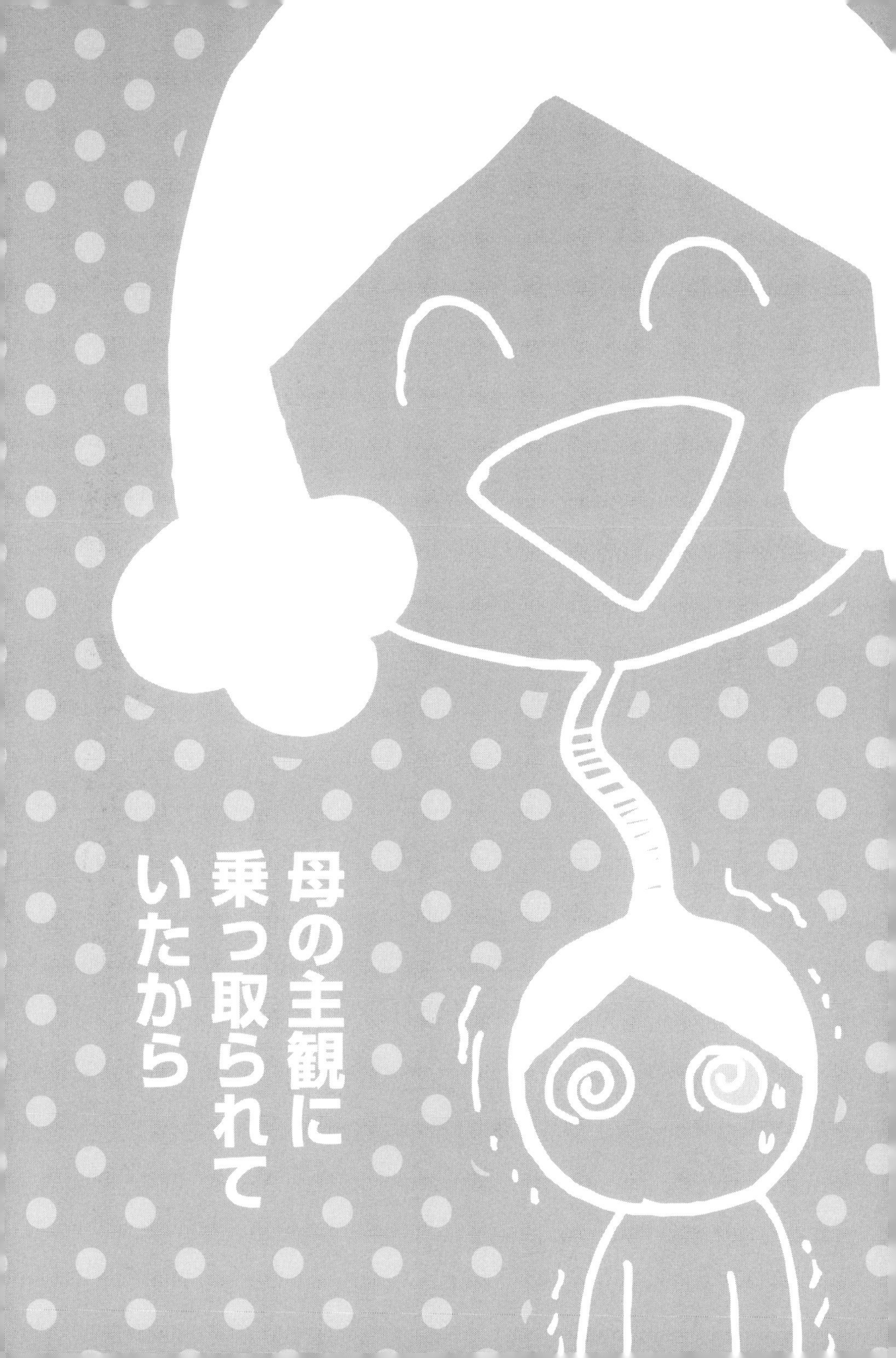
母の主観に
乗っ取られて
いたから

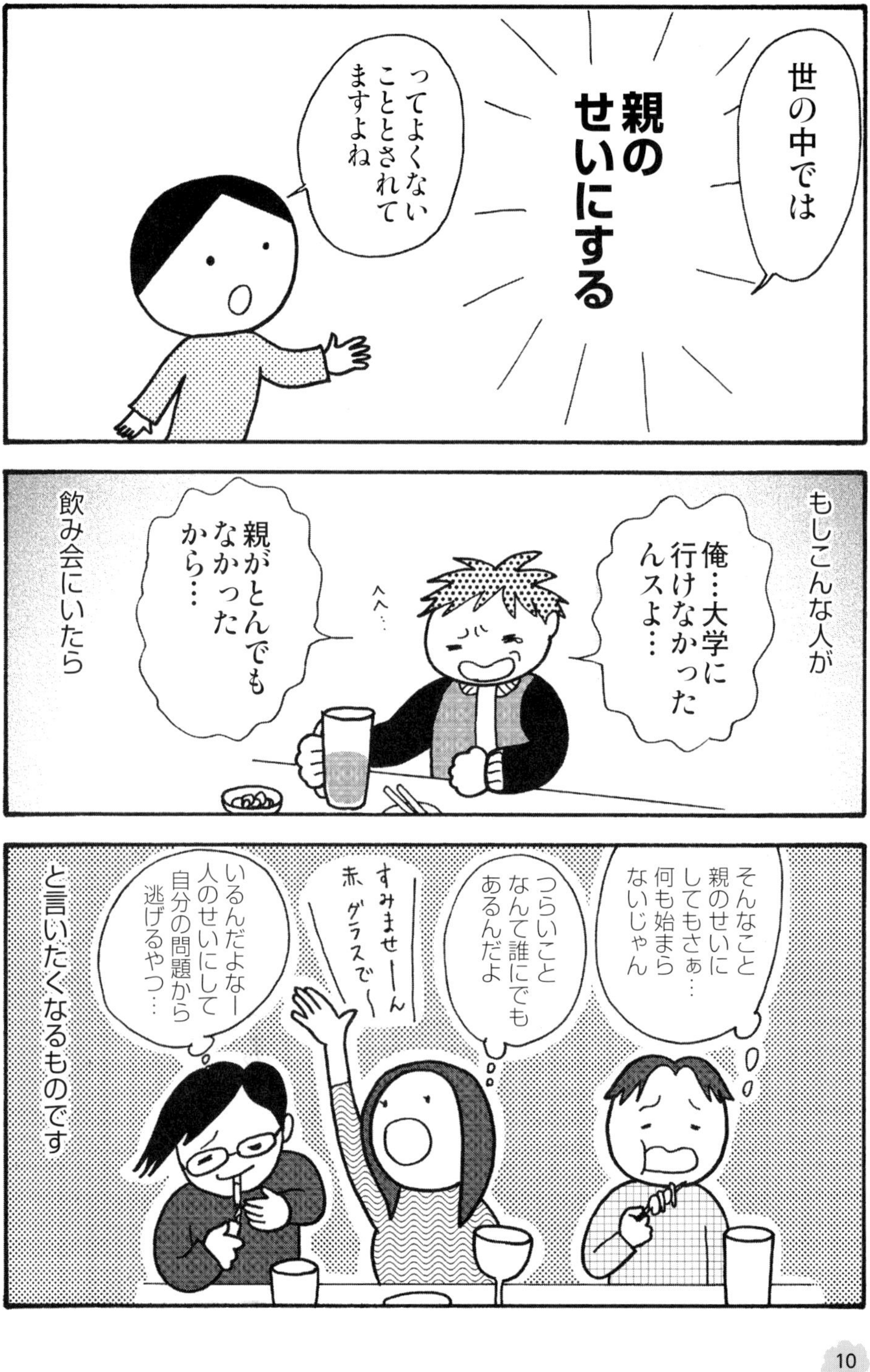
世の中では
親のせいにする
ってよくないこととされてますよね
もしこんな人が
俺…大学に行けなかったんスよ…
へへ…
親がとんでもなかったから…
飲み会にいたら
そんなこと親のせいにしてもさぁ…何も始まらないじゃん
つらいことなんて誰にでもあるんだよ
すみませーん 赤グラスでー
いるんだよなー人のせいにして自分の問題から逃げるやつ…
と言いたくなるものです

ヒマだから
そういうこと
思っちゃうんだよ
結果を出せば
どうでも
よくなるよ
がんばってるの？
実際に
言われ
たりして
帰り道
はずかしい…
いい年して
親のせいにして
みっともない
消えてなくなりたい気分に
過去をひきずってても
仕方がない
明るく
生きよう
この状態…
排便を
ガマンして
いるのと同じだ
と私は思う
体の中にこういう
不要なものがあって
100%親のせいってわけじゃないけど
納得できない！
だけど、フタを閉じている状態
みっともない
親のせいにするなんて
納得
できない
ギュッ
トイレをガマンしている時って
他のことに
うまく集中できないですよね
えーっと
これプレゼントで
ギフトですね！
リボンは
赤にしますか？
緑にしますか？
えっと
あの…
「親のせい」を
ガマンするのも
同じことが
起こっていると思う

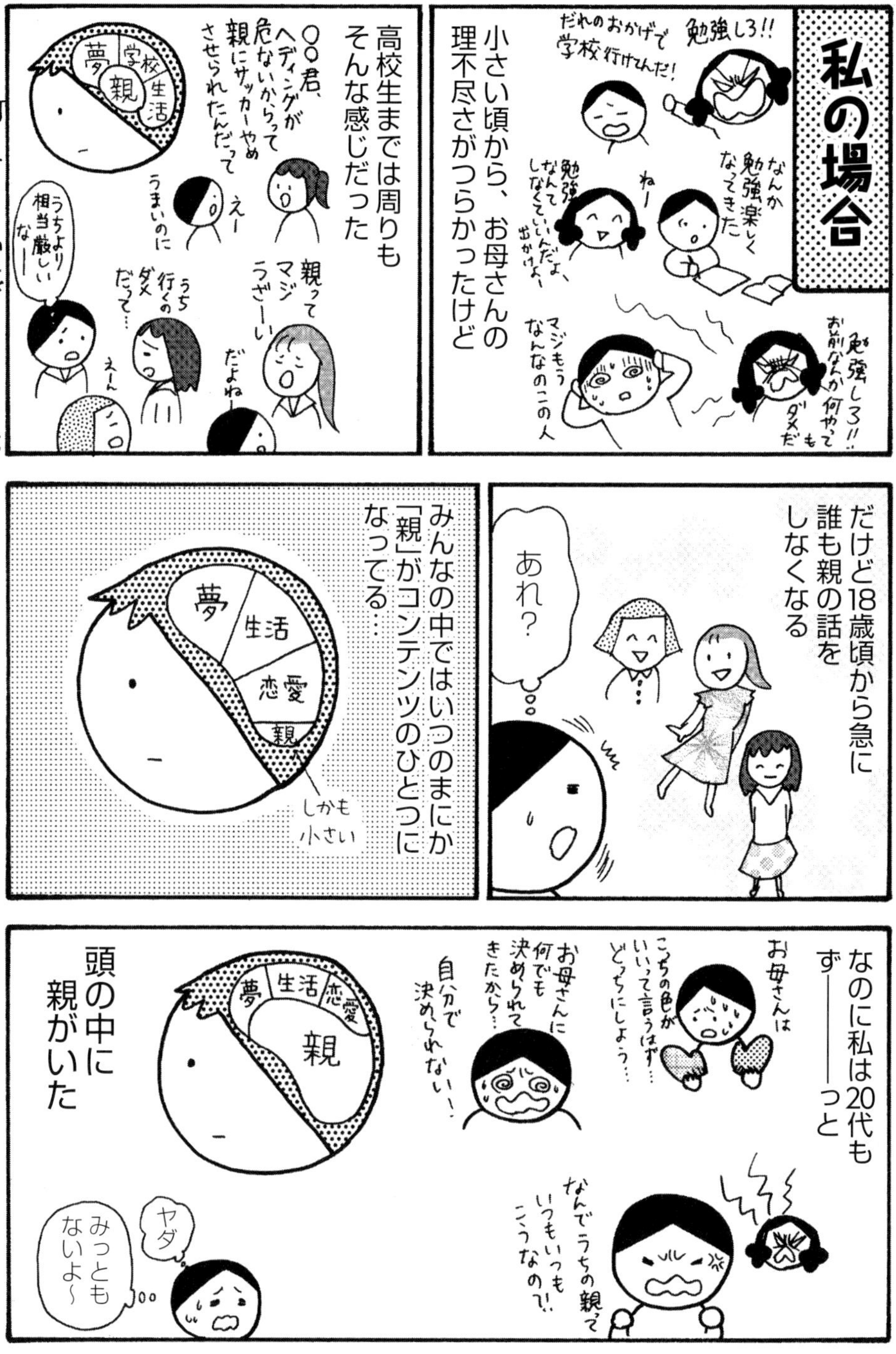
私の場合
だれのおかげで学校行けんだ!
勉強しろ!!
なんか勉強楽しくなってきた
ねー
勉強なんてしなくていいんだよ、出かけよ～
小さい頃から、お母さんの理不尽さがつらかったけど
勉強しろ!! お前なんか何やってもダメだ
マジもうなんなのこの人
高校生までは周りもそんな感じだった
○○君、ヘディングが危ないからって親にサッカーやめさせられたんだって
えー
うまいのに
親ってマジうざーい
だよねー
うち行くのダメだって…
えーん
うちより相当厳しいなー
夢
学校
親
生活
何をするにも「親」がつきまとう年代
だけど18歳頃から急に誰も親の話をしなくなる
あれ?
みんなの中ではいつのまにか「親」がコンテンツのひとつになってる…
夢
生活
恋愛
親
しかも小さい
なのに私は20代もず――――っと
お母さんはこっちの色がいいって言うはず…どっちにしよう…
お母さんに何でも決められてきたから…
自分で決められない!
なんでうちの親っていつもいつもこうなの?!
夢
生活
恋愛
親
頭の中に親がいた
ヤダ
みっともないよ～

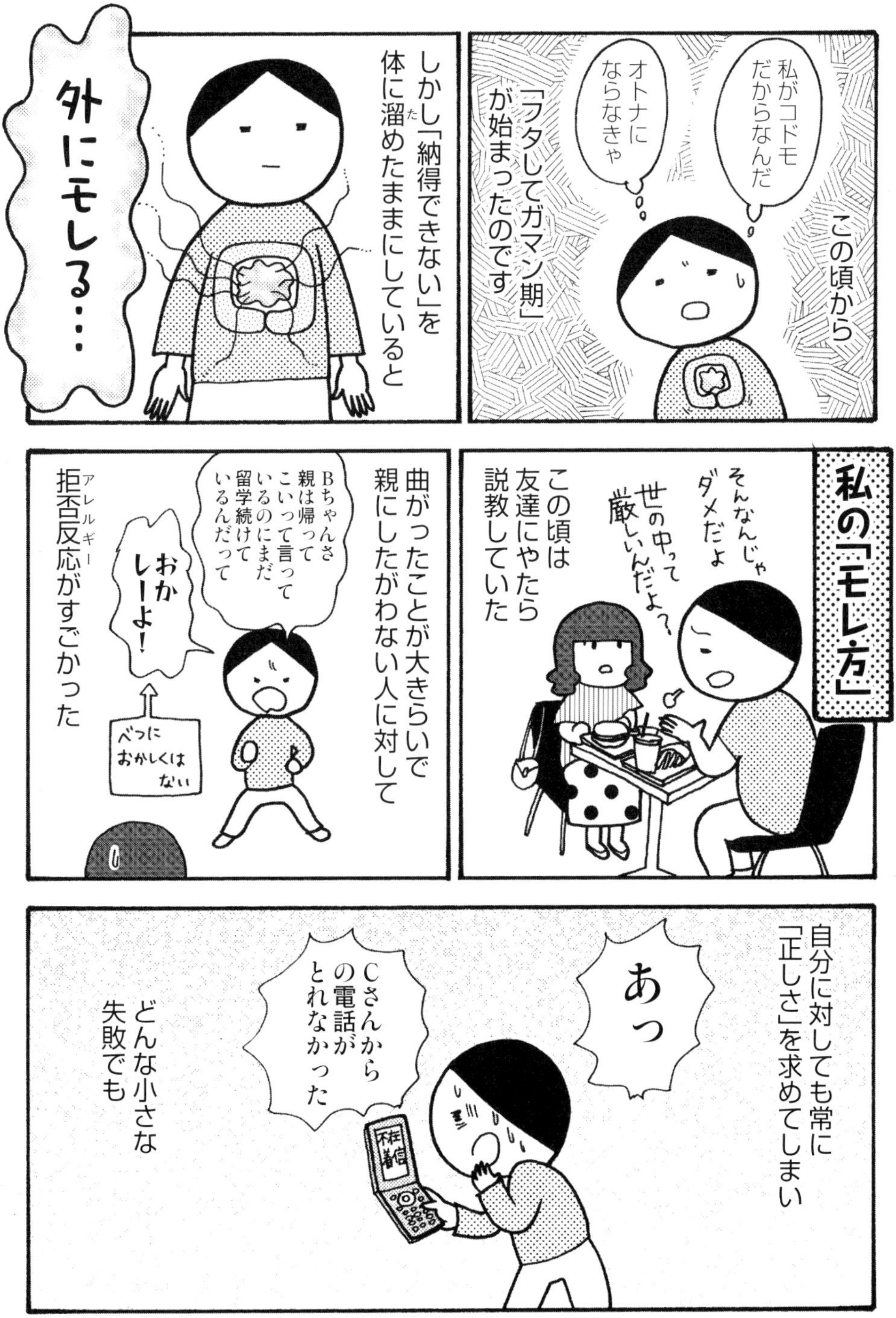
この頃から
私がコドモだからなんだ
オトナにならなきゃ
「フタしてガマン期」が始まったのです
しかし「納得できない」を体に溜《た》めたままにしていると
外にモレる・・・
私の「モレ方」
この頃は友達にやたら説教していた
そんなんじゃダメだよ
世の中って厳しいんだよ?
曲がったことが大きらいで親にしたがわない人に対して
Bちゃんさ親は帰ってこいって言っているのにまだ留学続けているんだって
おかしーよ!
べつにおかしくはない
拒否反応《アレルギー》がすごかった
自分に対しても常に「正しさ」を求めてしまい
あっ
Cさんからの電話がとれなかった
着信
どんな小さな失敗でも

ものすごい勢いで自分を罰した
仕事がなくなったらどうしよう
どうにもならなくなったら死ぬしかない
そうだ死のうよし大丈夫だ
「死」でしか自分をはげますことができない
身近な人に対しては
夫
これ
「みっともない筋《きん》」がゆるむことがあり
つい出ちゃうこともある
ブバッ
な…なんでそんなに怒ってるの?
「納得できない」がモレているという自覚はない
排泄《はいせつ》は決められた場所で行うのがマナーです
本来はそれが体の中にある時は
適切な場所に排出して
流すのが一番よいと思う
ジャー

流してからやっと親を許すだとか
前に進むだとかそういう作業ができるようになる
くり返しますがガマンしながらでは
お客さまもういい加減いい年なんですから過去は水に流してお母さんを許してあげて下さいお母さんも大変だったんですよ
分かってるんですけど……
ムリだと思う
私は29歳の時にモレの限界が来ました
あーしろこーしろ
お前が悪い
親に口出すな
すべてお前が悪い
親のあまりの言動に「納得できない」が巨大化
苦しい
死ぬ…
お前が間違ってる
お前が悪い
私ってそんなに悪いのか?
ずっと「私が悪い」と思ってきたけど
悪くないと思う
ゆるっ
「親のせいにしない」をずっとがんばってきた…
それが自分の問題と向き合うことだと思ってたけど…

「納得できない」があるってこと自体が
私の問題だったんだ
気づいた瞬間ビッグバンが起きた
今まで信じてきたものが一気にひっくり返る感覚
私って親が言うほど
悪くない?
何を信じていいのか分からなくて不安なビッグバン期の始まり
何も悪くなかった
そうだ何も悪くなかったんだ
だんだん落ち着いてくると今度は

排出期が始まる
私は何も悪くなかった!!
悪くなかったのに…!!
チクショウ!!
あの時もこの時も
出てくる出てくるどんどん出てくる
自分たちの勝手だったのに
私のせいってことにしやがって!!
分かってくれる人に会うと
ペラペラペラ
それであの時もこうでこの時もこうでああで
ペラペラ
ペラペラ
つい延々と話してしまう
止まらない!!
ずっと聞いてくれてありがとう…
でもこのままじゃ友達にもウンザリされるな…
適切な排出先を探さないとダメだと思った
私にとってはこういった場所が適切な排出先でした
セラピー
カウンセリング
精神科クリニック
自助グループ
「納得できない」を排出するつまり「親のせい」にするようになってから
物事がうまくいくようになりました

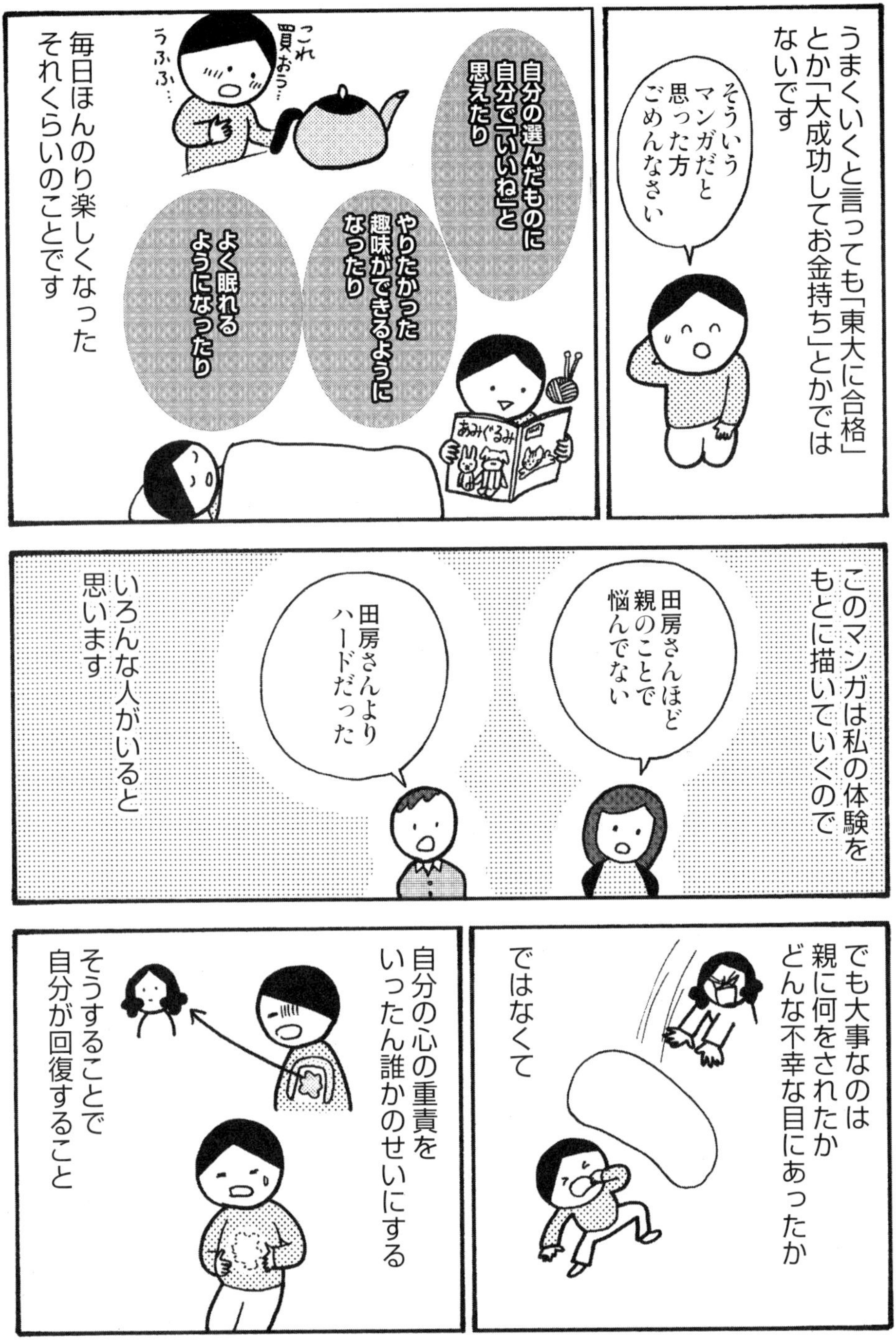
うまくいくと言っても「東大に合格」とか「大成功してお金持ち」とかではないです
そういうマンガだと思った方ごめんなさい
自分の選んだものに自分で「いいね」と思えたり
これ買おう…
うふふ…
やりたかった趣味ができるようになったり
あみぐるみ
よく眠れるようになったり
毎日ほんのり楽しくなったそれくらいのことです
このマンガは私の体験をもとに描いていくので
田房さんほど親のことで悩んでない
田房さんよりハードだった
いろんな人がいると思います
でも大事なのは親に何をされたかどんな不幸な目にあったか
ではなくて
自分の心の重責をいったん誰かのせいにする
そうすることで自分が回復すること

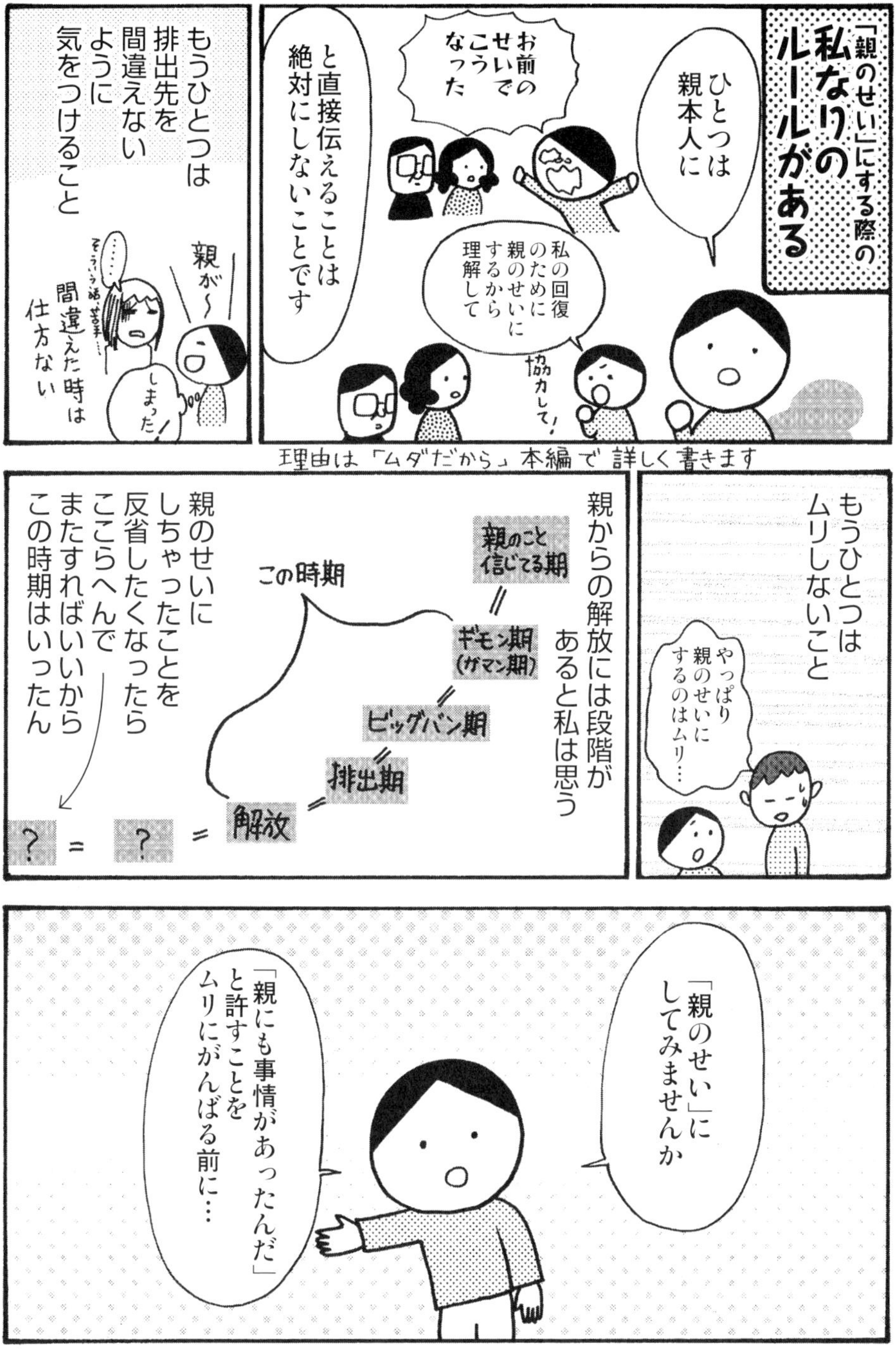
「親のせい」にする際の
私なりのルールがある
ひとつは親本人に
お前のせいでこうなった
私の回復のために親のせいにするから理解して
協力して！
と直接伝えることは絶対にしないことです
もうひとつは排出先を間違えないように気をつけること
親が〜
……
そういう話、苦手…
しまった！
間違えた時は仕方ない
理由は「ムダだから」本編で詳しく書きます
もうひとつはムリしないこと
やっぱり親のせいにするのはムリ…
親からの解放には段階があると私は思う
親のこと信じてる期
ギモン期（ガマン期）
ビッグバン期
排出期
解放
？
？
この時期
親のせいにしちゃったことを反省したくなったらここらへんでまたすればいいからこの時期はいったん
「親のせい」にしてみませんか
「親にも事情があったんだ」と許すことをムリにがんばる前に…

親がとんでもなかったせいで大学に行けなかった親野誠太《おやのせいた》くん(22)
いい年して親のせいにするのははずかしい…
誠太くんがこのように思ってしまうのは
世間の共通認識がこのようになっているからである
親というものは
厳しく優しくそして怖い
そのすべてがうっとうしい時もあった
でも気づいたら
老いている親
いつのまにか追いこしちまったんだな
このように親は自分より小さくなるものとされています

世間はこの型を
成人した子ども
老いた親
誰にでもハメようとしてきます
親を恨むなんて可哀想!
成長しなよ
子
親
まだまだコドモなんだよ
器が小さいねー
子どもが成人しても
現役バリバリで小さくならない親もいるのになァ…
この、型にハメられる時「納得できない」はさらに大きくふくらんでいる
型にハメられた時の分
もともとの分
しかし同時に「みっともない筋《きん》」も
ギュー
みっともない
納得できない
ッ
さらにキツくしめられるのです
私の場合
母はよく豪語していた
私はエイコをひとりの人間として
尊重して育てています

今の私がもし
こういう人に
会ったら
子どもを尊重してます!
ひとりの人間として!
わざわざ言ってる…
なんかハラハラしちゃうなァ…
と思ってしまうけど
子どもの時は当然分からない
おばあちゃん
個人として
尊重してます!
マンガ
お母さんは私をソンチョーしてるんだ…
叔母
実際は尊重するどころか
日常生活ではいつも
ここ何?
今日からこの
中学受験の塾に通うんだよ
勝手にやることが決まっていて
進学塾
何がなんだか分からないまま
マンガは?! どこにやったの?!
全部捨てた!
マンガがあるとアンタ勉強しないから!
アンタが悪いのよ!

なんで受験しなきゃいけないの?
アンタは子どもだから分かんないの!
理由を教えてもらえず
したくないしなくていい!
お母さんの言う通りにしてればいいんだ!
けたたましく変わる生活
受験資料
今日から家庭教師が来るからね
明日も別の人が来るから
たくさんお金かかるんだからね!!
暴れて抵抗しても
もういやだー!!
お願い!合格したら遊びまくっていいから!
出口はなくて
母の望みを叶《かな》えて無気力になっても
部活でもしなさいよ!
成績も悪いし!!
私立中学通うのにどんだけお金かかってると思ってるんだ!!
それは終わらない
↑受験することを頼んだのが子であるかのようにすり替わっているのがポイント
自分で考えたり悩んだりする前に
お母さんが台車を用意していて
これに乗りなさい!!
お母さんにまかせなさい!!
ガン
やめてよーやだ——!!
うるさい!黙ってろ!!
ガーーッ
ズリズリ
グキッ
あらぬ方向に走り出す感じ

脅しの時もあれば 本当にかける時もある ← ランダムなのが ポイント

私が不安定になって手がつけられなくなると
あがーっっ!!!
愛しているのよ
愛しているからしかるのよ!!
おじーちゃんだっておばーちゃんだって
みんなみんなエイコを愛しているの!!
……
エイコが生まれた時みんなが喜んで
そりゃもうおおさわぎで
……
みんなとっても幸せで!!
ねっ分かってくれたよね!!
ほらおいで!
お母さんの胸で泣いちゃえばいいのよ!
シュ
シュ
母に抱きしめられるとコレから蒸気がでるような感じだった
納得できない
熱く熱く熱せられた石に
バシャッ
ジュワッ
ジューッ!!
水をかけられている感じ

文字通りケムに巻かれる

大人になっても
衰えない親
つまり
この時期が
いつまで経っても
おとずれない
一般
いつのまにか
追いこしちまったんだな
うち
この頃になると
自分でフタを
閉じられるようになる
例えば
こんな時
エイコちゃんの
彼氏さぁ
超一流大学卒って
ことにしておけば？
CAFE
COFFEE
そのほうがホラ
おばあちゃんが
安心するから
言っといてあげるね
はあ？
親は
子のことを
いつも思っている
愛してるから
親だって
ひとりの人間
親に
悪気はない
いい年して
親に心配
かけて
なんとか
納得しよう
としている
ハァ…
ハァ…

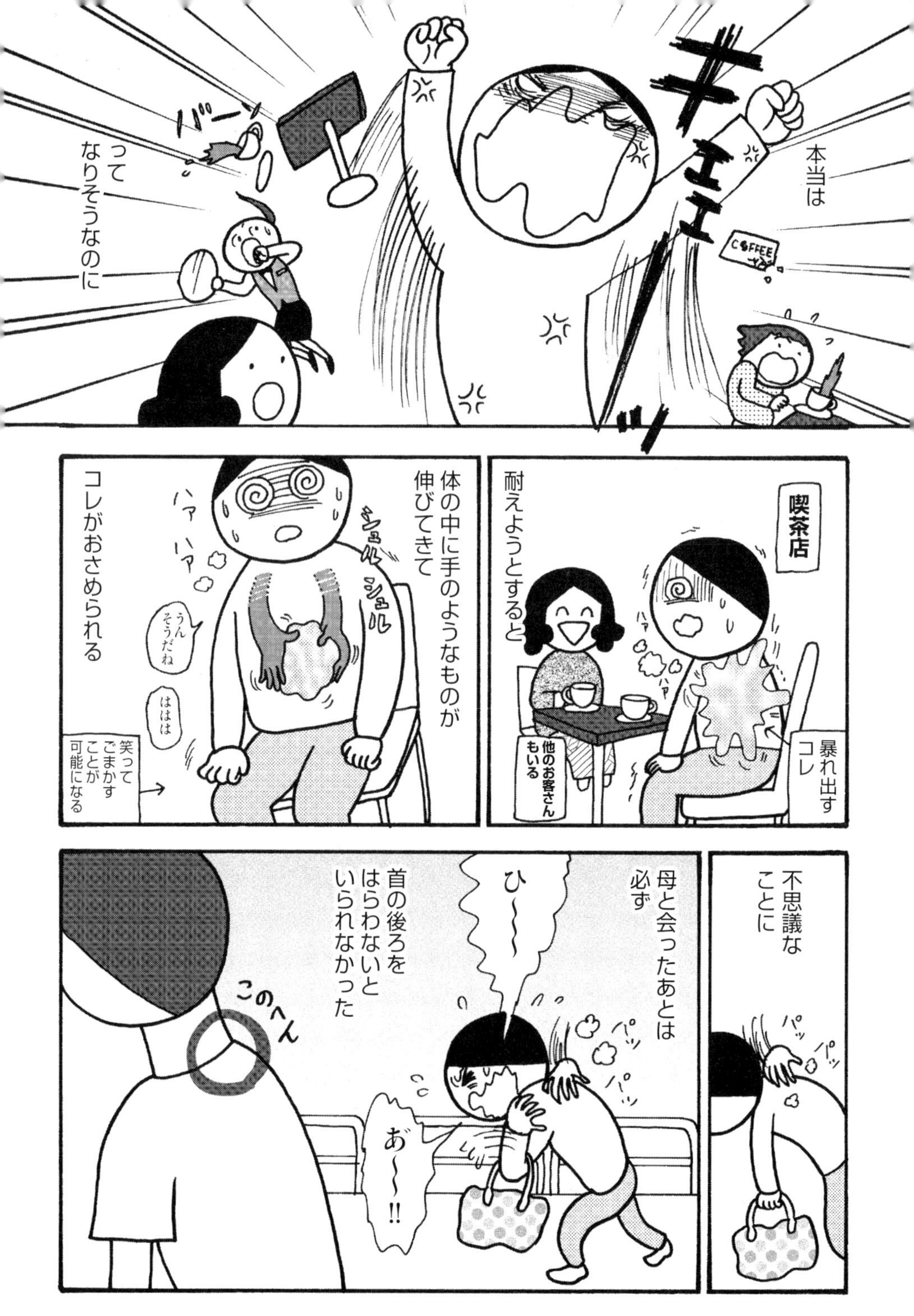

本当は
キエエ
バー
COFFEE
ってなりそうなのに
喫茶店
耐えようとすると
暴れ出すコレ
ハァ
ハァ
他のお客さんもいる
体の中に手のようなものが伸びてきて
シュルシュル
ハァ ハァ
うん そうだね
ははは
コレがおさめられる
笑ってごまかすことが可能になる
不思議なことに
パッ パッ
母と会ったあとは必ず
首の後ろをはらわないといられなかった
ひ〜〜
パッ
パッ
あ〜〜〜!!
このへん

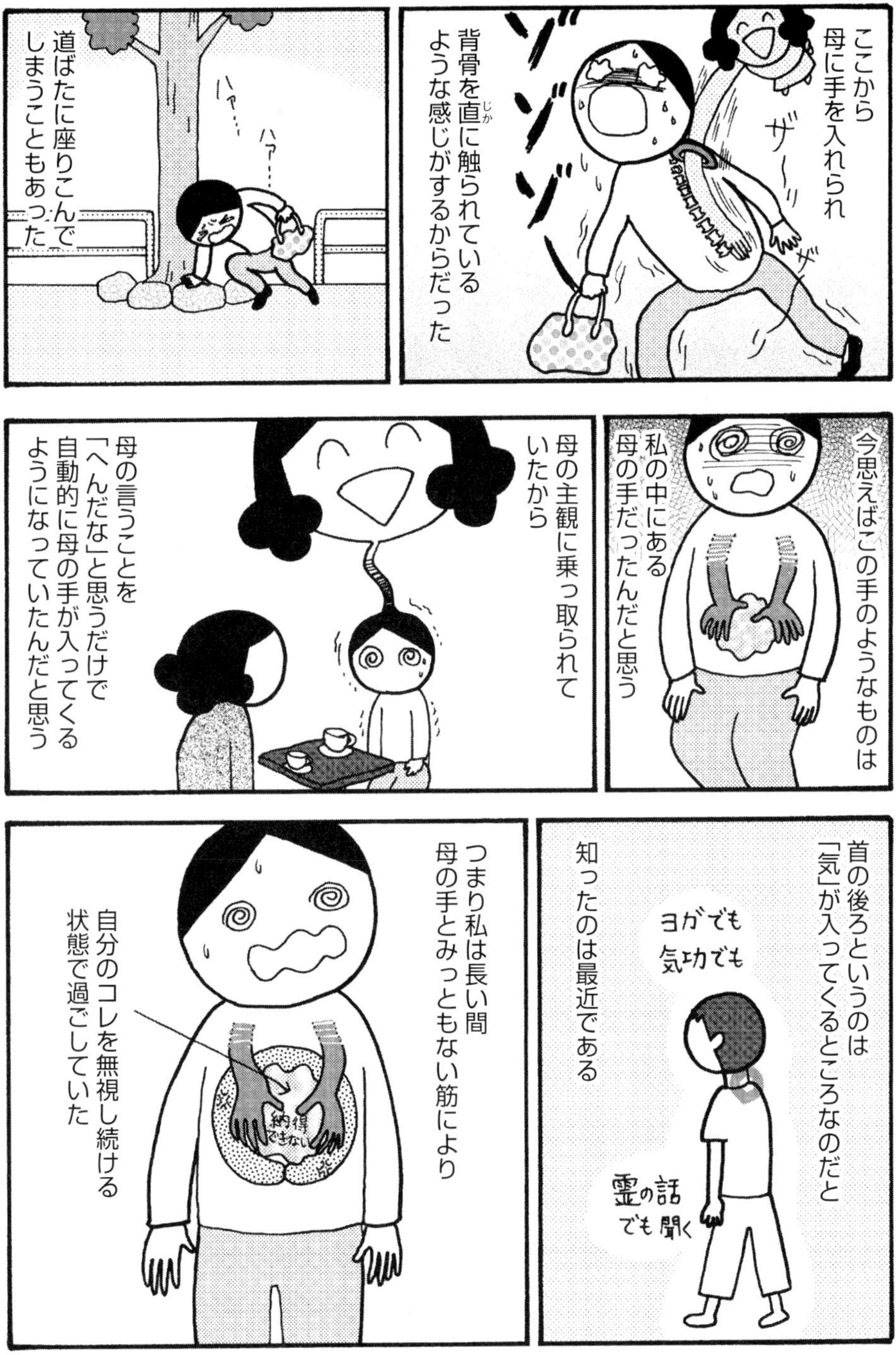
ここから
母に手を入れられ
ザ～
ザ
背骨を直《じか》に触られている
ような感じがするからだった
ハァ…
ハァ…
道ばたに座りこんで
しまうこともあった
今思えばこの手のようなものは
私の中にある
母の手だったんだと思う
母の主観に乗っ取られて
いたから
母の言うことを
「へんだな」と思うだけで
自動的に母の手が入ってくる
ようになっていたんだと思う
首の後ろというのは
「気」が入ってくるところなのだと
知ったのは最近である
ヨガでも
気功でも
霊の話
でも聞く
つまり私は長い間
母の手とみっともない筋により
自分のコレを無視し続ける
状態で過ごしていた
納得できない

コレのしめつけが強い上に
コレが増幅しまくると
外にモレます
モレまくっていた頃の私(22歳)の表面上の様子
短大を卒業しマンガ家を目指すためにフリーターになった
スーツでフルタイム勤務
昼はちゃんと働いて
夜はマンガを描いて投稿!
夢に向かって!
高学歴の彼氏と結婚前提の半同棲《どうせい》♡
社会人になって母との衝突も激減!
エイコちゃん…
つーん
やっとマトモな生活を送れる人になったんだ!
充実!!
と、思っていた…頭では!
実際の勤務先は…
(家庭教師のあっせん会社)
ハイ〜そうですか〜

会社から何の指導も受けてないのに名札をつけて
教育アドバイザー
田房
要心 教師への教育
ご家庭に派遣する家庭教師には当社の教育アドバイザーがカリキュラムなどの指導をしております。
←パンフレット
東大生相手に勉強方法を指導したり
どうですか今日の生徒の様子は
あ～ はい～
他にも家庭教師バイトをしたい大学生をだます業務がいろいろ
他のバイトたちは活き活き楽しんでたけど
テキトーやってりゃいいからラクだわ
キャハハハハ
ヤーダァ
大学生バイトナンパして合コンしたんスよー
社員はあちこち飛ばされ
さっき決定したんだけど
明日から名古屋勤務になったから
え━━ッ
今お別れ?!
露骨ないじめは日常茶飯事
田房さんてさ～なんで生きてるの?なんてね
アハハハハ
無視
あの…
え?
あ……
ハハハ…
心は
私にぜんぜん合ってない!!
と
叫んでいるのに頭で必死に抑えつけていた
逃げちゃダメ
ちゃんとした人になるって決めたんだから!!!
ってすごくいい人なんだよなァ～
なんなんだあの女は…
やめたい もうムリムリムリ
ウソつくのつらい、つらい
ギュ
自分を抑えるのに全神経を使うので
ギュ
いつもこれと同じ状態
モレそう…
モ…

尻の穴から内臓が縮み上がる時間

超屈辱の時間

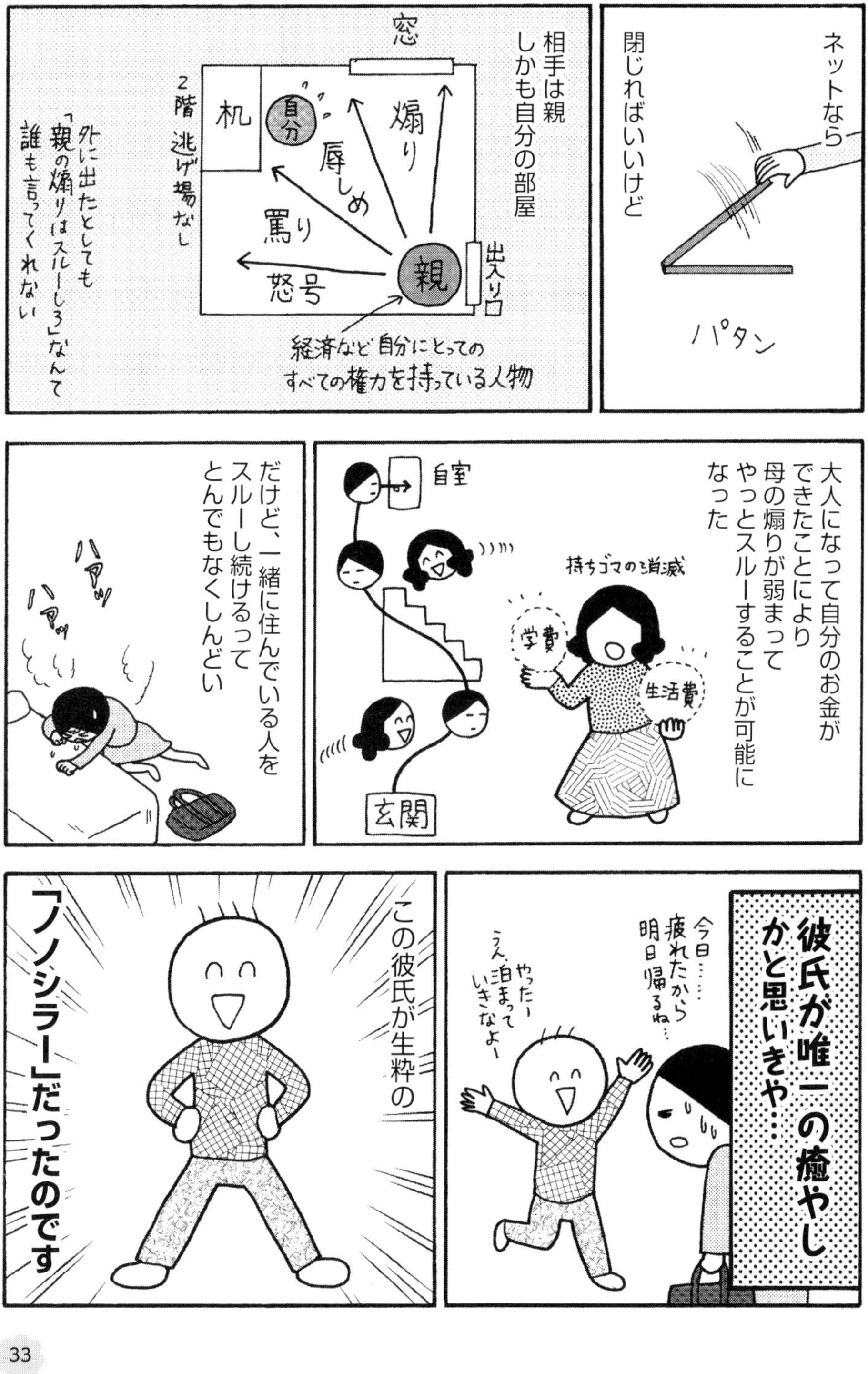
ネットなら
閉じればいいけど
パタン
相手は親
しかも自分の部屋
窓
自分
机
煽り
辱しめ
罵り
怒号
親
出入り口
2階 逃げ場なし
外に出たとしても「親の煽りはスルーしろ」なんて誰も言ってくれない
経済など自分にとってのすべての権力を持っている人物
大人になって自分のお金ができたことにより母の煽りが弱まってやっとスルーすることが可能になった
持ちゴマの消滅
学費
生活費
自室
玄関
だけど、一緒に住んでいる人をスルーし続けるってとんでもなくしんどい
ハァッ
ハァッ
彼氏が唯一の癒やしかと思いきや…
今日……疲れたから明日帰るね…
やった〜うん、泊まっていきなよ〜
この彼氏が生粋の
「ノノシラー」だったのです

ノノシラーとは
「罵る人」という意味
※私の造語
ノノシラーの特徴
なんでそんなにいつも疲れるの？ほんと要領悪いよねー
もっとうまくやるよフツーは！能力が低いんだよエイコちゃんは みんなもっとちゃんとしてるよ？
(笑)(笑)
言ってほしくないことをわざわざ言う
お金がなくても豊かな生活してる人はいるって!!
ビンボー人の負けおしみ！お金がすべてなの！ほんとエイコちゃんは何も分かってないよなァー
チッ
人の意見は絶対きき入れない
とにかく真正面からハンマーで叩《たた》いてきて
ガンガン
バカじゃないって。
何言ってんの？
ちらばるプライド
プレスされた空缶みたいにされてこっちが逃げようとしても
ずーっと叩いてくる
ガンガン
ほんとダメだよね
そんなんじゃやっていけないよ？
(笑)
ノノシラーの最大の特徴
それは「すくい上げ」です
ペラ〜
……
相手が1ミリくらいの薄さになると気が済むのかノノシラーはこう言う
ウソだよ？

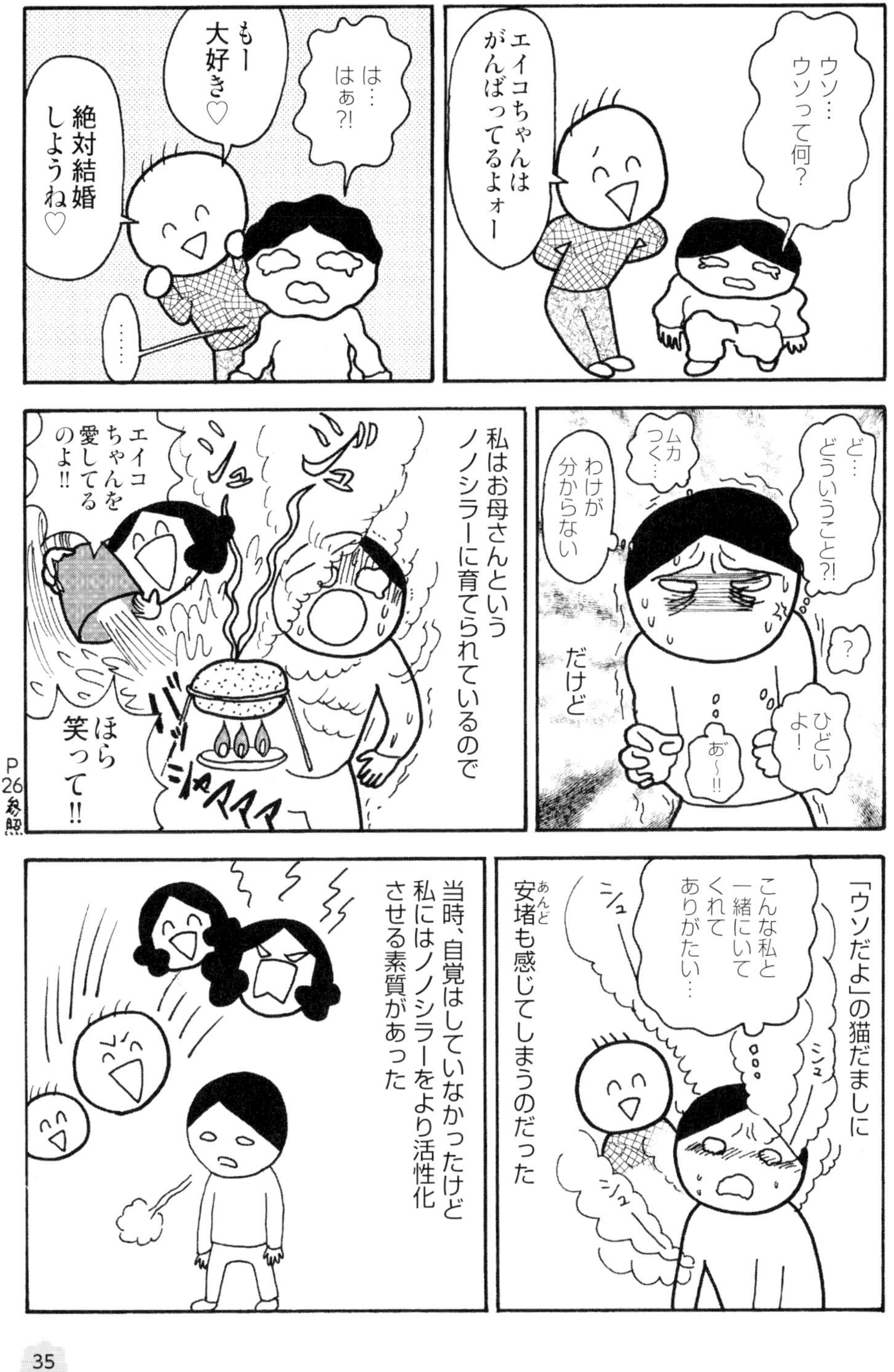
ウソ…
ウソって何?
エイコちゃんはがんばってるよォー
は…
はぁ?!
もー
大好き♡
絶対結婚しようね♡
……
ど…
どういうこと?!
ムカつく…
わけが分からない
?
ひどいよ!
あ~!!
だけど
私はお母さんというノノシラーに育てられているので
ジュ
シュ
エイコちゃんを愛してるのよ!!
ほら笑って!!
ジャアアア
「ウソだよ」の猫だましに
こんな私と一緒にいてくれてありがたい…
シュ
シュ
シュ
安堵《あんど》も感じてしまうのだった
当時、自覚はしていなかったけど
私にはノノシラーをより活性化させる素質があった

P26参照

母とのやりとりで培ったノノシラレのスキル
基本的に世界中の誰もが自分より正しいと思っている
アンタが悪いのよ
アンタが悪いんだからね
だから相手の言うことはマトモに聞いて取り入れなきゃいけないと思っている
相手にここまで言わせる自分を恥じる
その上でノノシラー相手に自分の気持ちを理解してもらおうと努力する
でもね私はこう思うの！
その努力が相手にノノシリの機会を与える
はーっ！
バッカじゃないの
こーでこーで
あーなんだよ！
ほんっと何もわかってねーな
???
その行動の指示を出しているのは頭。
お前はおかしい
愛してるから言ってあげてる
頭
自分がおかしいってことにしておけ
相手が正しいんだ
心
頭は自分を守るために全身に指令を出す
しかし「心」はいつも
えーでもでも…
心
なんか違くない？
自分の正当性を訴えているので
結果
モコ
納得できない
モコ
モコ
コレがさらに増幅する

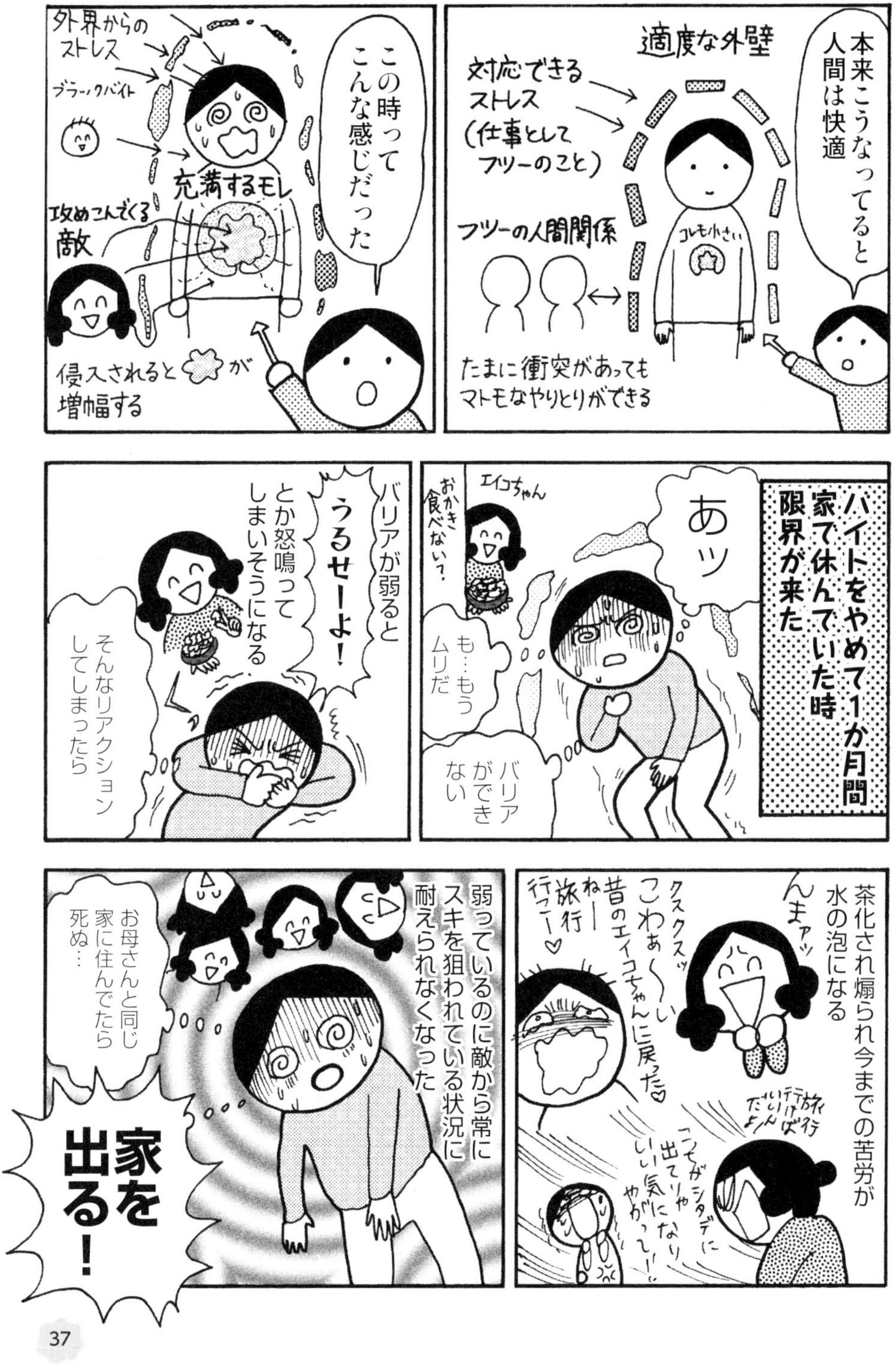
本来こうなってると人間は快適
適度な外壁
対応できるストレス（仕事としてフツーのこと）
コレも小さい
フツーの人間関係
たまに衝突があってもマトモなやりとりができる
この時ってこんな感じだった
外界からのストレス
ブラックバイト
充満するモレ
攻めこんでくる敵
侵入されると が増幅する
バイトをやめて1か月間家で休んでいた時限界が来た
あッ
エイコちゃん
おかき食べない？
も…もうムリだ
バリアができない
バリアが弱ると
うるせーよ！
とか怒鳴ってしまいそうになる
そんなリアクションしてしまったら
茶化され煽られ今までの苦労が水の泡になる
んまァッ
クスクスッ
こわぁ〜い
昔のエイコちゃんに戻った♡
ねー旅行行こー♡
旅行行けばいいだけよん
こっちがシタデに出てりゃいい気になりやがって！！
弱っているのに敵から常にスキを狙われている状況に耐えられなくなった
お母さんと同じ家に住んでたら死ぬ…
家を出る！

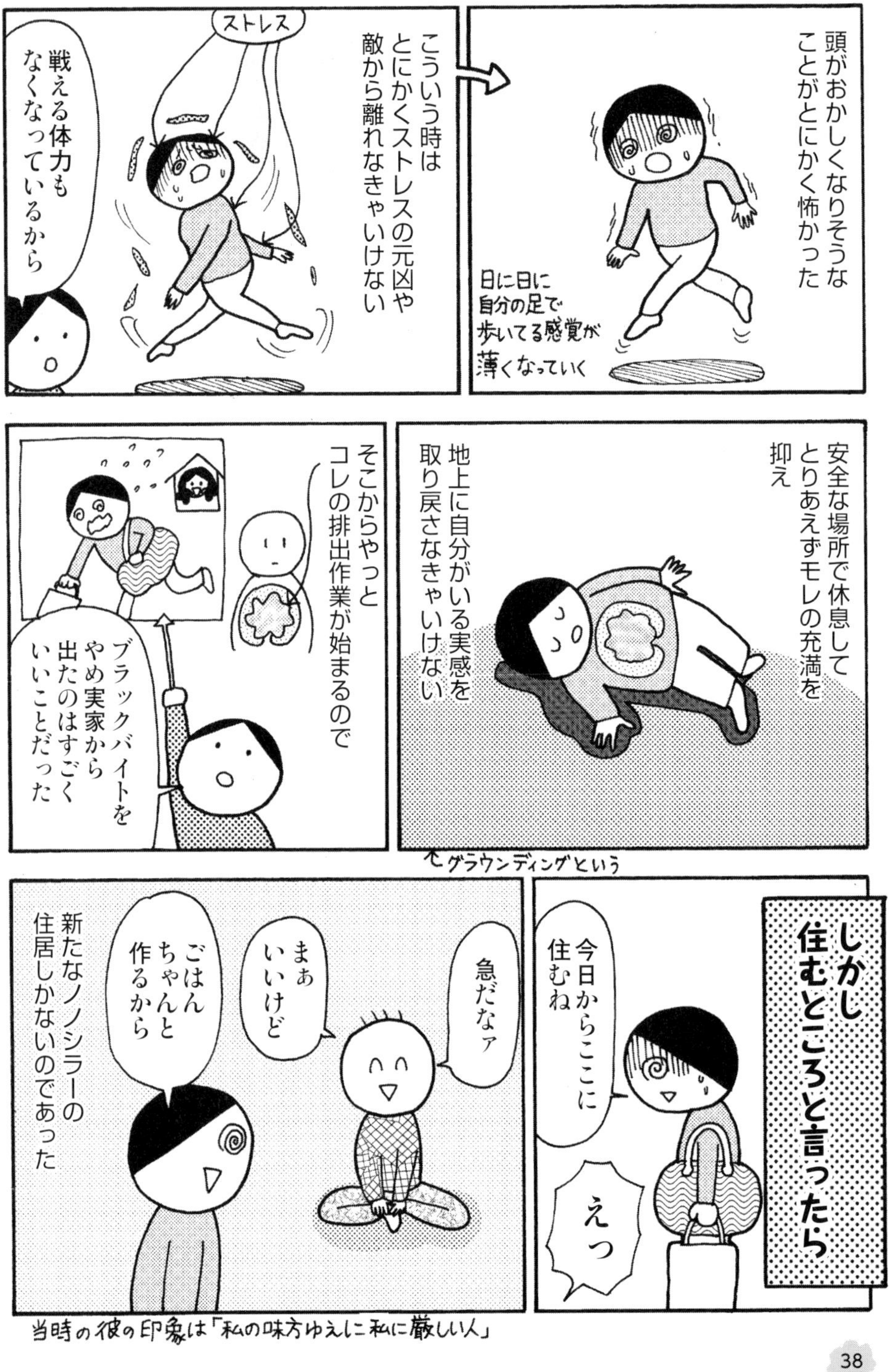
頭がおかしくなりそうなことがとにかく怖かった
日に日に自分の足で歩いてる感覚が薄くなっていく
こういう時はとにかくストレスの元凶や敵から離れなきゃいけない
ストレス
戦える体力もなくなっているから
安全な場所で休息してとりあえずモレの充満を抑え
地上に自分がいる実感を取り戻さなきゃいけない
グラウンディングという
そこからやっとコレの排出作業が始まるので
ブラックバイトをやめ実家から出たのはすごくいいことだった
しかし住むところと言ったら
今日からここに住むね
えっ
急だなァ
まぁいいけど
ごはんちゃんと作るから
新たなノノシラーの住居しかないのであった
当時の彼の印象は「私の味方ゆえに私に厳しい人」

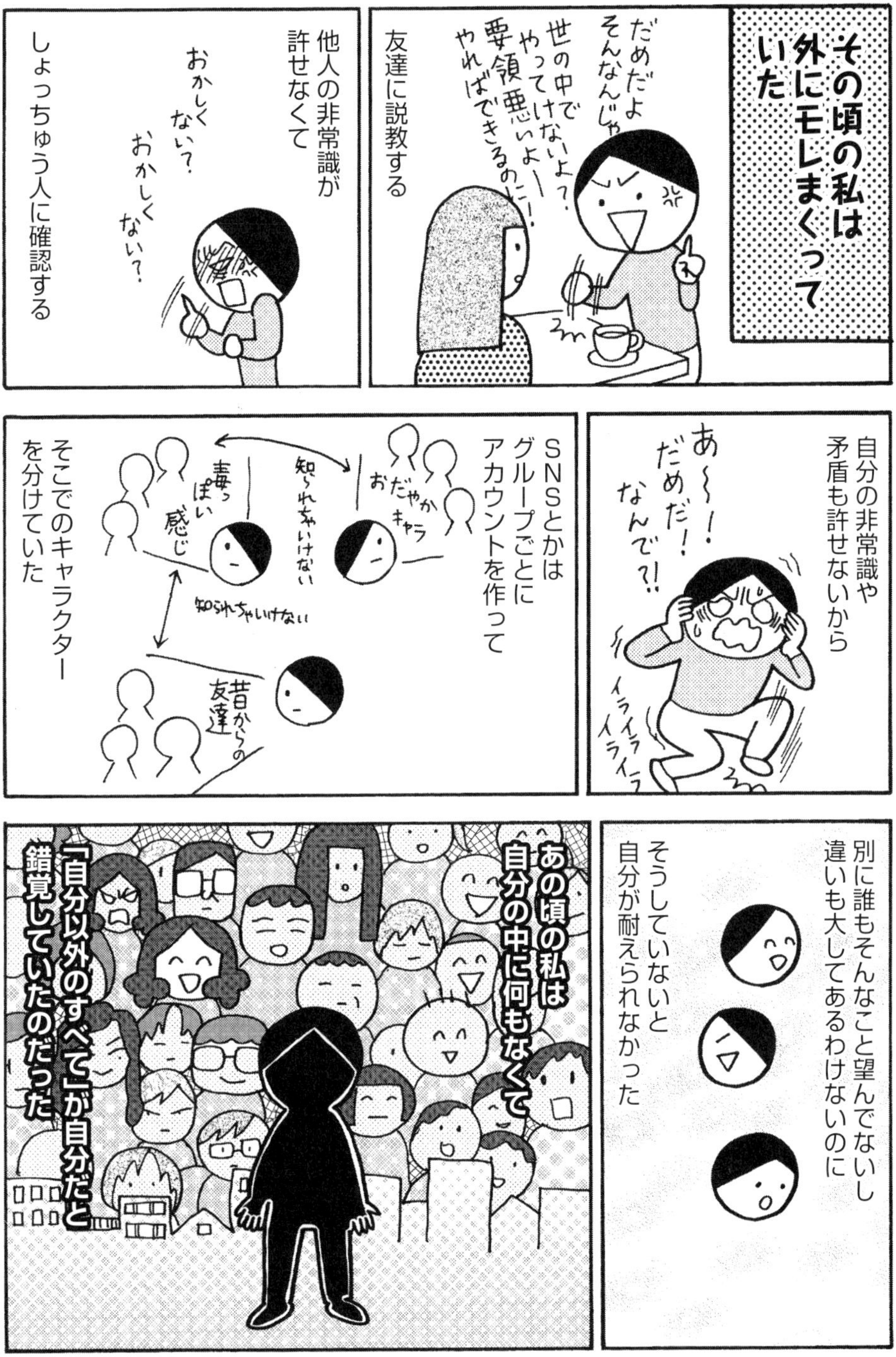
その頃の私は外にモレまくっていた
友達に説教する
だめだよ そんなんじゃ
世の中でやってけないよ?
要領悪いよー
やればできるのに!
他人の非常識が許せなくて
おかしくない?
おかしくない?
しょっちゅう人に確認する
自分の矛盾も許せないから
あ~!! だめだ! なんで?!
イライラ イライラ
SNSとかはグループごとにアカウントを作って
おだやかキャラ
知られちゃいけない
毒っぽい感じ
知られちゃいけない
昔からの友達
そこでのキャラクターを分けていた
別に誰もそんなこと望んでないし違いも大してあるわけないのに
そうしていないと自分が耐えられなかった
あの頃の私は自分の中に何もなくて
「自分以外のすべて」が自分だと錯覚していたのだった

というわけで この時期に いた頃の 私ですが…
モレまくり期
外にモレ出す
自覚はないが
親のこと信じてる期
ギモン期 (ガマン期)
ビッグバン期
排出期
解放
婚約者に隠し事だらけ
買ってきたマンガを隠す
サッ
サッ
サッ
最新刊!
唯一、自分のものを置くことが許されているスペース
何か買ってくるとすごくうるさいから
婚約者専用のSNSアカウントを作る
おもしろいんだよ
へー
mixi
mixi 自分用
ホッ
いろいろうるさいから
自由～
内緒の銀行口座を作る
通帳を管理されているから
表向きは仲良しカップル
結婚式場
モデルルーム
新築マンション
ひとりになると…
ジャー
うわ～ん
わ～ん わ～ん

エイコちゃん元気出して
ハイ
私がんばります
つらいけど気を落としすぎないでね
…
ジャー
わたしっっ
強く生きていきますっっ
ムリしないでね
えらいわー
ボ
なぜか婚約者のお葬式の映像が浮かぶのだった
ハッ
また…だ
このことをノノシラー夫と離婚経験のある人に話したら
私もあったまったく同じ！
私は自分の葬式が浮かんでとまらなかった
これもモレの一種だと思う
結婚相手としていい条件の人
私もう20代後半
絶対に別れられない
がんじがらめ…
モレがお葬式の映像を見せることで
心を落ち着かせていたのだろう
この関係に終わりがないわけではない
ハァ
ハァ…
つまり
マッチポンプ状態
葬式の映像
ノノシラーとつき合いを続ける
セッ
セッ
シュ
自ら火消し
自分で火をつけて
シュッ
ボウッ
MATCH

この頃まだまだビッグバン期は訪れていなかったが
とある出来事で小爆発が起きます
毎日、こう言われ続けていた
月20万以上稼いでいない人間は社会人じゃない！
だからエイコちゃんは社会人のボクには意見する資格がない！
よく分からない理屈
悔しかったら稼いでみろよ!!
バイト増やさなきゃ
ここに入れられる清掃バイトを発見
平日
9:00
事務バイト
17:00
移動
18:00
20:00
移動
20:30
バーのバイト
23:00
週3回
土・日・祝
11:00
雑貨屋のバイト
20:00
時給2000円だけど
初日開始30分
ハハ
すみません…ムリです…もう動けません
ゴホッ
プ〜ン
すいガラ
いーよ！
休んでなし
テキパキ
人がなかなか入らないようでとても優しかった
時給4000円分の労働を強いられるバイトだった
ゼェゼェ
ハァハァ
ゲホッ
ゴホッ
新宿の夜景
ヒュー
ヒュー
貧血で唇が真紫《むらさき》色になった
キツすぎるムリだできない
楽勝だと思ってた
とんでもない
どうせムリなことするなら
好きなことしたい
ゼェゼェ
ゲホッゴホッ
ハァ
ハァ
ヒュ
この時だった

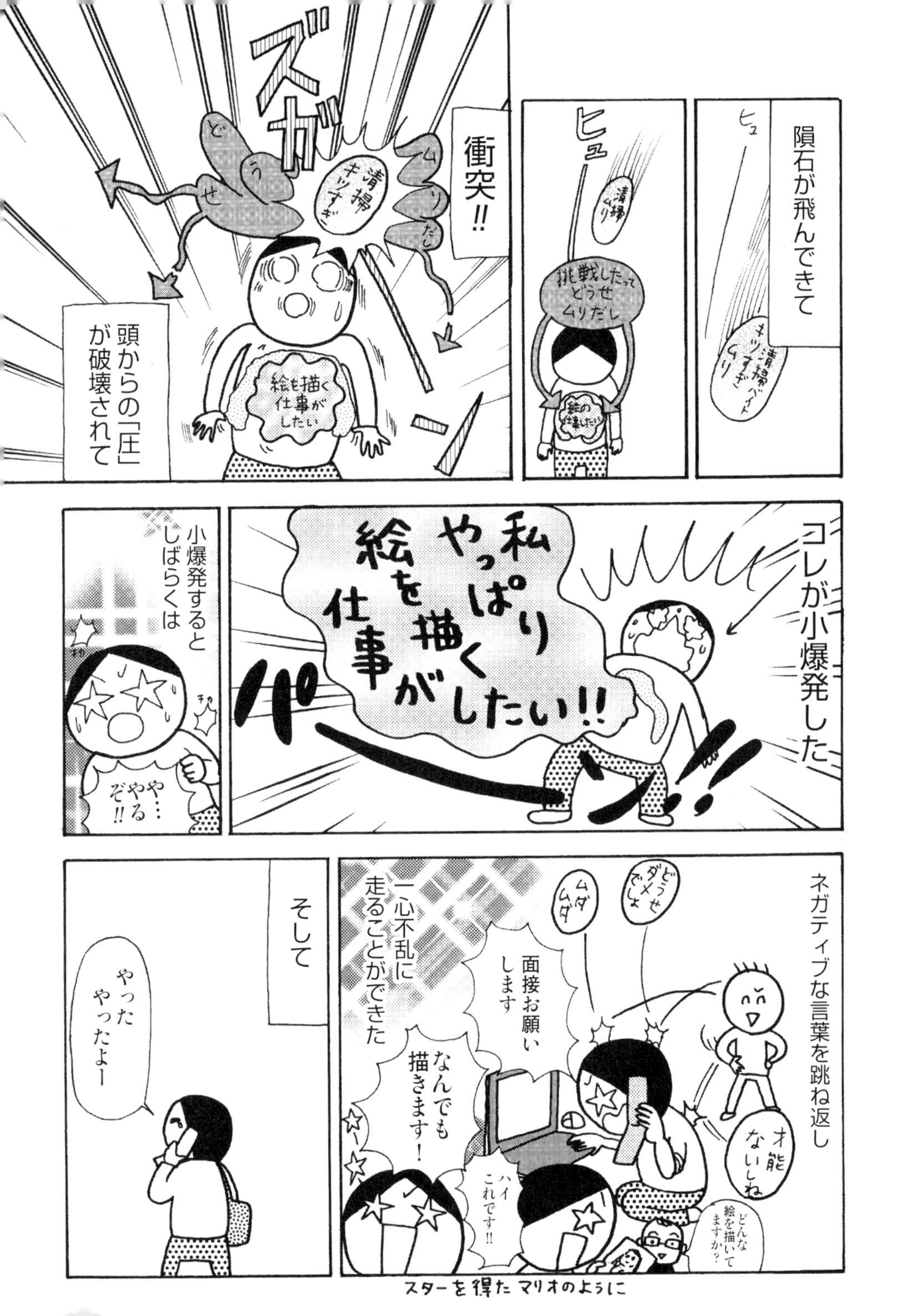
隕石が飛んできて
ヒュ
清掃バイト キツすぎ ムリ
ヒュ
清掃 ムリ
挑戦したって どうせ ムリだし
衝突!!
ズガ
清掃 キツすぎ
ムリだし
どうせ
絵を描く 仕事が したい
頭からの「圧」が破壊されて
コレが小爆発した
私 やっぱり 絵を描く 仕事が したい!!
パーン!!
小爆発すると しばらくは
チカ
や…やるぞ!!
ネガティブな言葉を跳ね返し
どうせ ダメでしょ
ムダ ムダ
才能 ないしね
面接お願い します
一心不乱に 走ることができた
なんでも 描きます!
ハイ これです!!
どんな 絵を描いて ますか?
そして
やった やったよー
スターを得たマリオのように

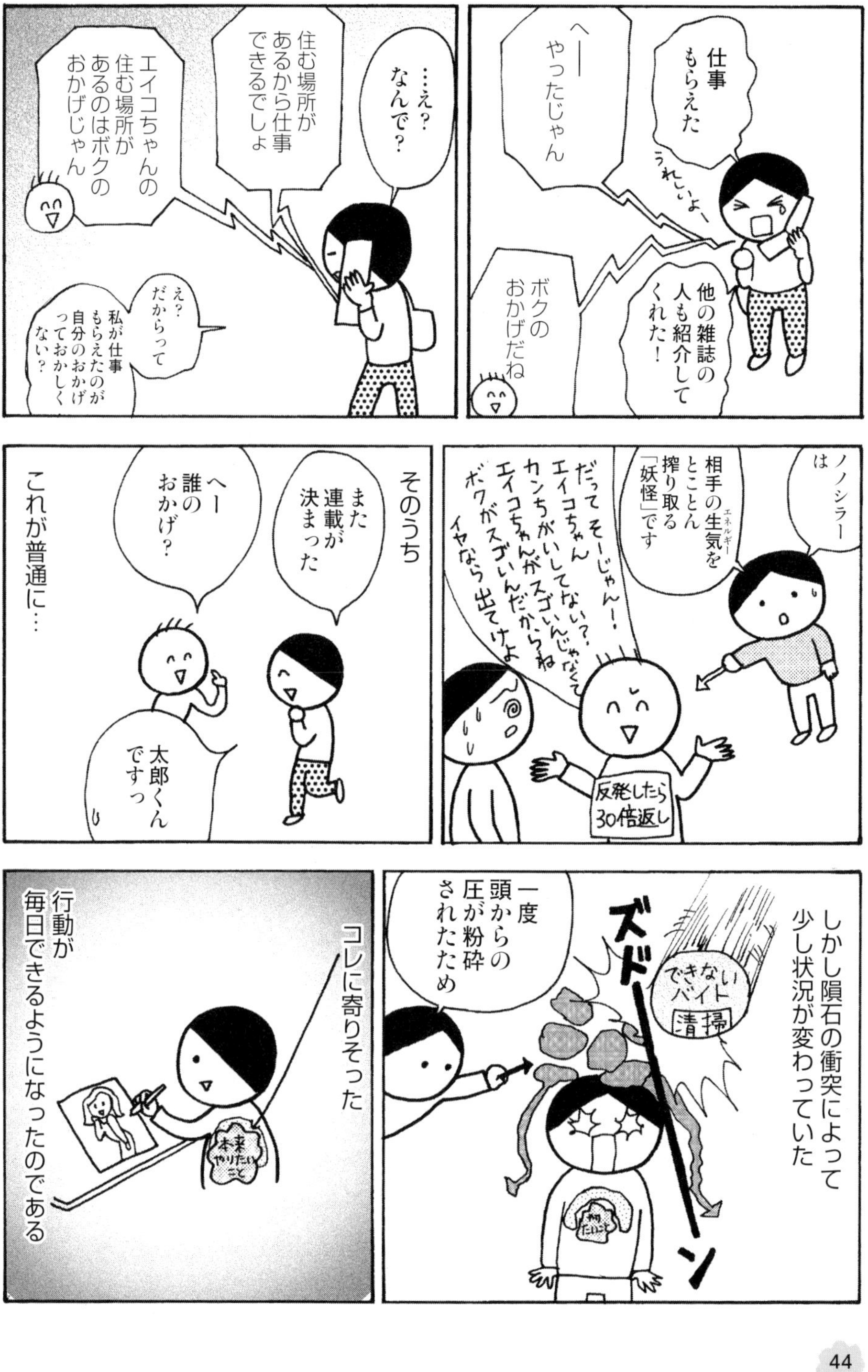
仕事もらえた
うれしいよ〜
へーーやったじゃん
他の雑誌の人も紹介してくれた!
ボクのおかげだね
…え? なんで?
住む場所があるから仕事できるでしょ
エイコちゃんの住む場所があるのはボクのおかげじゃん
え? だからって私が仕事もらえたのが自分のおかげっておかしくない?
ノノシラーは
相手の生気《エネルギー》をとことん搾り取る「妖怪」です
だってそーじゃん! エイコちゃんカンちがいしてない? エイコちゃんがスゴいんじゃなくてボクがスゴいんだからね イヤなら出てけよ
反発したら30倍返し
そのうち
また連載が決まった
へー 誰のおかげ?
太郎くんですっ
これが普通に…
しかし隕石の衝突によって少し状況が変わっていた
一度頭からの圧が粉砕されたため
ズドーン
できないバイト
清掃
コレに寄りそった
本来やりたいこと
行動が毎日できるようになったのである

すると状況がこのように変わっていきます
生活
「20代社会人ならこうあるべき」という基準に沿う
20代なら給料は○○円 住むところはここ!
仕事内容はこれじゃないと!
基準はひとつだけじゃないと感じる
交流
自分に「有益」な人とだけつき合う
あなたと友達でいるのやめなよ 低レベル!
同じ志や雰囲気の人たちと仲間になる
自信
基本的に自分は何もできない（やりたいことは特に）
エイコちゃんには そんなのムリムリ
むしろ「やりたい」ことのほうがスムーズにできる
自然に「頭からの圧」の内容が具体的なものに変わってきます
以前
私は何やってもダメだからやらないほうがいい!
こういう時はこうすればいい
その内容はコレも納得できることなので小さくなり
納得できない
プス
プス
そもそもコレが望んでいることなので。
モレも減っていきます
ノノシラーは必死で圧の内容を書き換えようとしてきます
こういう時はこうするべし
ボクのおかげなんだからね 結婚してあげないよ どーすんのエイコちゃん お先真っ暗だね
だけどその頃にはノノシラーの言葉は不快なものでしかなくなっている
ボクのおかげだね すごいよねボクって 低レベルなエイコちゃんは、高レベルなボクといるから高レベルになってるんだからって
NOISE MAN
何言ってるの? この人…
ほんとに意味が分からない

以前も不快ではあったんだけど
何していいか分からない
自信ない
お金ない
住む所ない
親も頼れない
ボクのおかげなの！エイコちゃんが生きてけてるのは！
地上
こういう状態だったから
ありがたい…
言う通りにしてれば間違いないはず
もーダメなんだから余計なことしなくていいの─！
妙な安心感もあったんだと思う
自分で立てるようになると
まだまだダメダメ〜
結婚はできないよ─
だってエイコちゃん夜も働いてるじゃん
ちゃんと9時17時の仕事に就いてお弁当と夕飯作ってくれないとさあ
？？
グイ
グイ
この人は自分の思う奥さん像と
理想の奥さん
？？
エイコちゃんと結婚する人はボクくらいしかいないけど
ボクと結婚したい女はいっぱいいるからね？
私を比べて「違う違う」とダメ出ししているだけなんだ
なるほど…つまり
私はどの人から見てもダメな奴ってわけじゃないと思う…
たぶん…
話を聞いてみるだけ聞いてみよう
アパート
私…部屋借りられますか？
ハイ借りられますよ

!!
いかがですか〜
貯金50万しかないけど借りられるじゃん!!
貯金が100万ないと貸してくれないよ エイコちゃんにはムリ!
てか貯金額なんか聞かれないし!
あのウソつき野郎…!!
ここ…ここにします!!
太郎と別れひとり暮らしを始めた
私の家だ!!
好きなモノが置ける!!
大の字で床を抱きしめる
信じられないほどの解放感
いちいち茶化されるから置けない
置くな!と言われるから置けなかった
好きなモノを置いても何も言われないってこんなに心地いいことなんだ…
だけど同じくらい不安定でもあった
ほんとによかったんだろうか
よかったに決まってる
でも今日も食欲がない

とても弱っていた
親に謝らなきゃ…
結婚するって言ってたけど
なくなりましたすみません
謝るこたぁねぇよ
結婚なんてどうだっていいじゃないか
ヘッ?!
そうよォ
非常事態でカラカラの心身に
こういう言葉は水のようにしみわたってくる
なんでもない
たいしたことないよ
特に
お父さん太郎くんのこと気に入ってなかったもんね
ニヤついててキライだった
親の言葉は!!
アハッ
アハッ
アハハハそうなんだ
急速に親と接近するようになる
駅

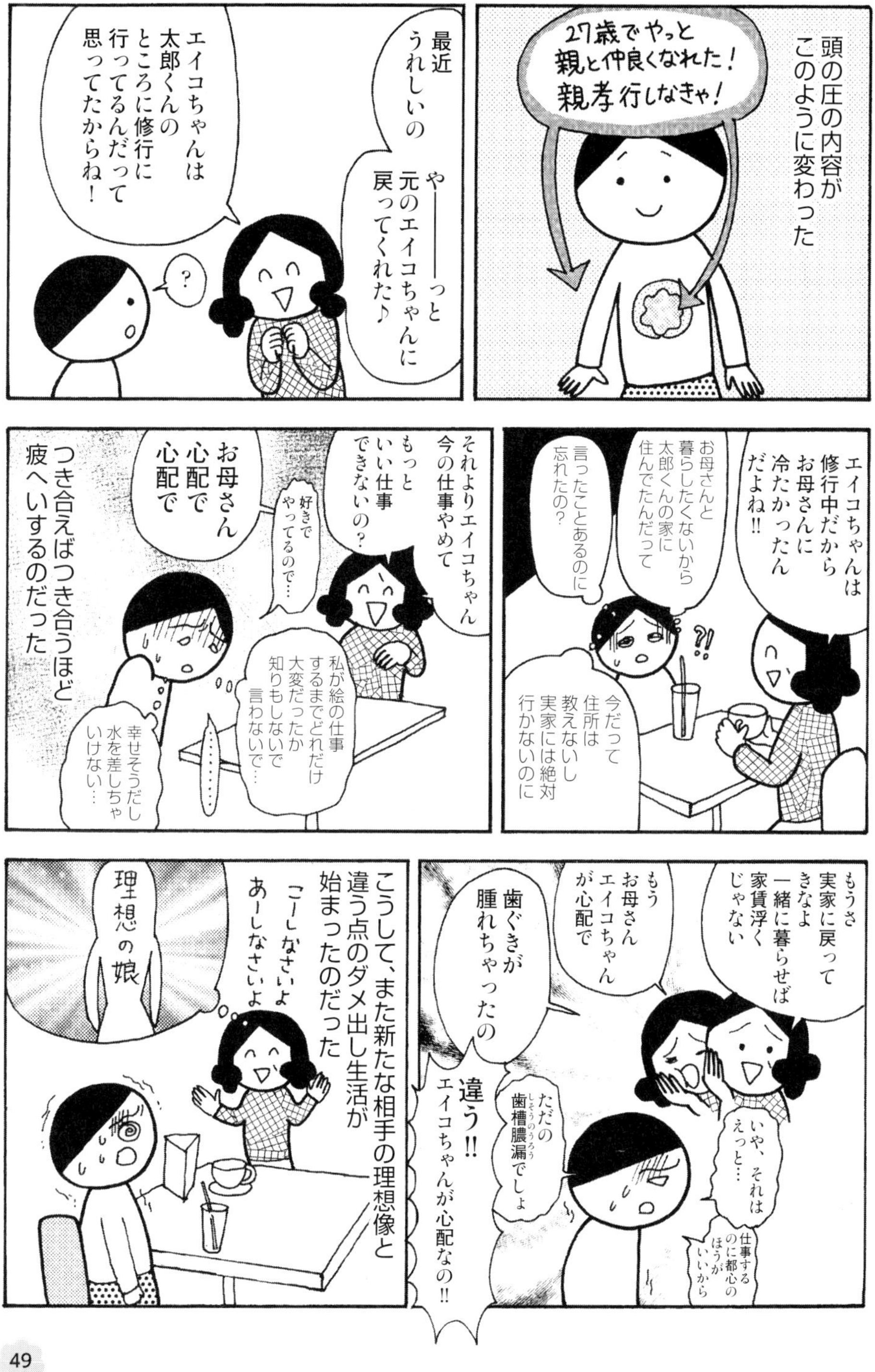
頭の圧の内容がこのように変わった
27歳でやっと親と仲良くなれた！親孝行しなきゃ！
やーーーっと元のエイコちゃんに戻ってくれた♪
最近うれしいの
?
エイコちゃんは太郎くんのところに修行に行ってるんだって思ってたからね！
エイコちゃんは修行中だからお母さんに冷たかったんだよね!!
お母さんと暮らしたくないから太郎くんの家に住んでたんだって
言ったことあるのに忘れたの?
?!
今だって住所は教えないし実家には絶対行かないのに
それよりエイコちゃん今の仕事やめてもっといい仕事できないの?
好きでやってるので…
お母さん心配で心配で
私が絵の仕事するまでどれだけ大変だったか知りもしないで言わないで…
幸せそうだし水を差しちゃいけない…
つき合えばつき合うほど疲へいするのだった
もうさ実家に戻ってきなよ一緒に暮らせば家賃浮くじゃない
もうお母さんエイコちゃんが心配で
歯ぐきが腫れちゃったの
いや、それはえっと…
仕事するのに都心のほうがいいから
ただの歯槽膿漏《しそうのうろう》でしょ
違う!! エイコちゃんが心配なの!!
こうして、また新たな相手の理想像と違う点のダメ出し生活が始まったのだった
こーしなさいよあーしなさいよ
理想の娘

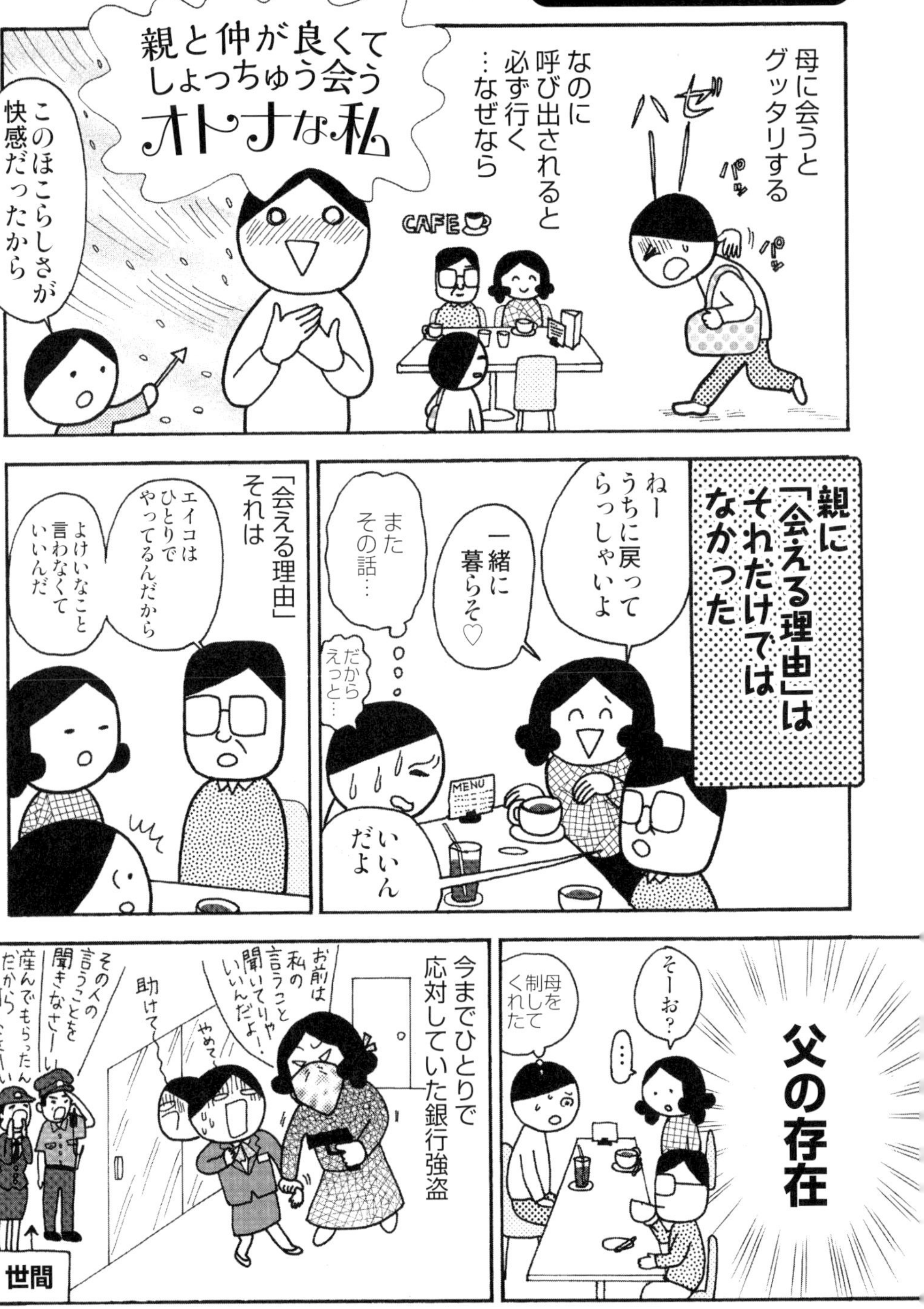
母に会うとグッタリする
ハーゼー
パッ
パッ
なのに呼び出されると必ず行く…なぜなら
CAFE
親と仲が良くてしょっちゅう会うオトナな私
このほこらしさが快感だったから
親に「会える理由」はそれだけではなかった
ねーうちに戻ってらっしゃいよ
一緒に暮らそ♡
またその話…
だからえっと…
MENU
いいんだよ
「会える理由」それは
エイコはひとりでやってるんだから
よけいなこと言わなくていいんだ
父の存在
そーお？
…
母を制してくれた
今までひとりで応対していた銀行強盗
お前は私の言うこと聞いてりゃいいんだよ!!
やめて～
助けて～
その人の言うことを聞きなさーーい
産んでもらったんだから感謝しなさーーい
世間

昨日のことのように色鮮やかに覚えている

だから、ほこらしさに浸ろうとしても「納得できない」がしめつけられるだけ
ギュウウウ〜〜〜
いい年していつまでもグジグジしてみっともない!!
早く水に流しなさいよ!大人なんだから!
納得できない
どうしてお母さんは…
忘れるなんて無理だ…
せめてお母さんと記憶を共有できたら…
まったくなんであんなことしたのよ〜
そんなこともあったわねぇ
でもエイコちゃんがこんなに立派に育ってくれてありがたいわぁ
こんな風に…
前に進める気がする
グツグツ
あのねお母さん
理不尽な記憶1000個くらいあるけど…
1個だけにしよう1個だけ…
高校の時のことなんだけど
学校の旅行の前日お母さんが急に怒り出して
行かせない!!
えっ?!なんで?!
もしもし先生ですか
先生に電話して本当にキャンセルしちゃったよね
翌日
ショックで声が出ない
もういいかげん元気出しなさいよ!!
さすがにあれはひどすぎだよぉ
ハハッ
なんであんなことしたの?
……
それは…ごめん

?
え!?
また来週ね〜
な、何が起こったんだ?!
なんだろう この感覚…
すごくあったかい気持ち…
ドキドキ
そうか…私いつのまにか大人になってたんだ
親をちゃんと追いこしてたんだ!
私にとってお母さんはもう
何をしでかすか分からない怖い存在じゃないんだ
この日は首の後ろを叩《たた》かずに帰れた
そして1週間後
お母さん お待たせー
ねぇエイコちゃん!!
ん?
こないだの話!
学校の旅行の話なんだけど!
あの頃ってほんっとにエイコちゃんがひどかったの!
だから私は悪くないから!
ねっ!
私は悪くないからね!
ね! それでいいでしょ!

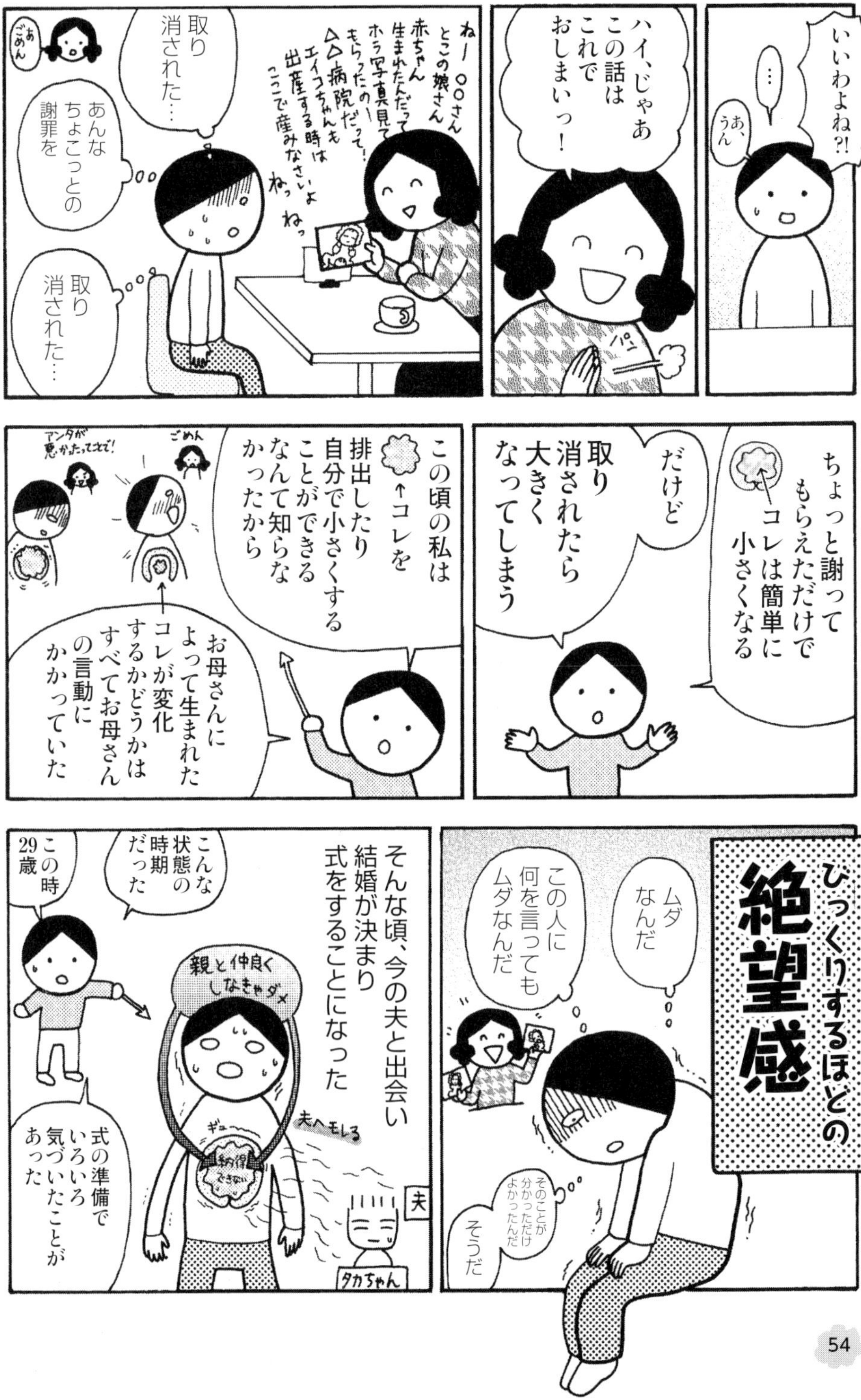
いいわよね?!
…
あ、うん
ハイ、じゃあ この話は これで おしまいっ！
パン
ねー ○○さんとこの娘さん 赤ちゃん生まれたんだって ホラ写真見てもらったのー △△病院だって！ エイコちゃんも出産する時は ここで産みなさいよ ねっ ねっ
取り消された…
あ ごめん
あんな ちょこっとの 謝罪を
取り消された…
ちょっと謝って もらえただけで コレは簡単に 小さくなる
↑コレ
だけど
取り消されたら 大きく なってしまう
この頃の私は ↑コレを 排出したり 自分で小さくする ことができる なんて知らな かったから
お母さんに よって生まれた コレが変化 するかどうかは すべてお母さん の言動に かかっていた
ごめん
アンタが 悪かったって言って!
びっくりするほどの絶望感
ムダ なんだ
この人に 何を言っても ムダなんだ
そのことが 分かっただけ よかったんだ
そうだ
そんな頃、今の夫と出会い 結婚が決まり 式をすることになった
こんな 状態の 時期 だった
この時 29歳
親と仲良く しなきゃダメ
ギュ〜
納得 できない
夫へモレる
夫
タカちゃん
式の準備で いろいろ 気づいたことが あった

どの作業もとにかく苦しいのです
JEWEL
こんな私が指輪なんてドレスなんておかしいに決まってる
ハァ ハァ
ドキドキドキドキドキドキ
コレがいいって言えない
どれにするの？
もういいよ!!
?!
どうして私っていつもこうなんだろう…
ずっとヘンなこと言われてきたからだ
ブタみたい
ブタダルマ
足太すぎ
化粧するとヘン やめなよ～
エイコは手足が短いってみんなで話してたの
やだ そんな服やめて 似合わない
体に染み込んでるんだ
こういう状態の人に「気にしすぎ」「気にしなきゃいい」と人は言う
自分でもそう思うけどムリ
この状態で「気にしない」ようにするのは
もともとあった圧
お前はブタ。生きてるだけで恥。式なんてやめとけ。
新しい圧
気にするな
ぐぬぬぬぬ…
みっともない筋でさらにしめつけるだけの逆効果
この時の私がそれでも結婚式をしようとするのは、心のどこかで
納得できない
結婚式なんて誰がやったって笑われることじゃないんだから私がやったって笑われることなんてない！
はず！
と分かってたから
結婚式準備をする人向けのSNSをのぞいてみると
すごい…「幸せ爆発状態の人たち」が集まってみんながお互いをホメまくる天国！
WE ARE HAPPY HAPPY FOREVER YES YES
カチカチ カチカチ
やっぱりそうだ 私がやってもおかしくない！
マインドコントロールがとけだす瞬間
ここに写真を載せる勇気を持つためにダイエットをして5kg落とした
アレ？私って運動できなくないんだ
そして載せた
試着しました♡
いいね！
カワイイ！
すごくステキ!!
ありがとう！
「気にしない」をがんばるのではなく敵を憎み彼らの発言を否定していく
許せん！どうして！
私はこう思うのに！
調べる
あっ やっぱり私だって正しい！
ほらみろ！なんだアイツ!!
くそっ許せん！あのことも納得いかない!!
しばらくくり返す
それが効果的と思います

そうやって少しずつ、「世間一般」に寄ることができてきた
私はそこまでダメな人間でもない
結婚式だってするし仕事だってしてる
自信持っていいんだ
たぶん
しかし相変わらずの母
エイコちゃん
安心しておばあちゃんにはたいした式じゃないからって言っといてあげたからねー
??!
あーだこーだ
ペチャクチャ
ペチャクチャ
今回は父もすごい…
ペチャクチャ
ペチャクチャ
新郎の父の謝辞中なんですけど…
お父さんお母さん育ててくれて…
ペチャクチャ
ペチャクチャ
どうしてこの人たちは黙って娘の成長をかみしめることもできないの?
ふつうに見たら娘の結婚式に浮かれてはしゃいでいる親
笑って流すことなのかもしれない
でも私、親とそんな信頼関係ない
怒りで震えてしまう体を必死で止めた
式が終わったら絶対に絶対に**絶対に縁を切る**

と決心した次の日
タカちゃんのご両親と私とお父さんで食事に行くからねー
や…やめて！もう静かにしてて！
は?! なんでアンタにそんなこと言われなきゃなんないんだ！
これ以上もう私に恥をかかせないでよ！謝辞中にしゃべったり！
お父さんに言え！私は悪くない！
向こうは望んでないからその食事！
とにかくやめて！私はこれからタカちゃんの両親とつき合わなきゃいけないんだから！
最初にゴタゴタしたくないの！私を疲れさせないで！
私は悪くない！
いいじゃん親同士で会っても
ほっとけよ
おかしいよ!! 子ども抜きで親同士で会うなんて聞いたことない!!
別におかしくないよ
どうしてうちの親の味方するの?!
味方ってわけじゃ
なんで分かってくれないの!!
うぎゃおおおお
なんで? なんで? 私がおかしいの?
私が間違ってるの? おかしいのは絶対うちの親!!
いつもへんなことするんだから!!
ぜ ぜ
今なら分かる
親同士で会うのはおかしいことじゃないと
だけど私には歴史があった
母が作った工作を私の名前で子どもアート大賞に応募
第一次審査通過よ――！
??
〈小1の時〉
受験日に重なって出席できなかった卒業式に母は参加
ステキな式だったー みんなでお別れしたの――
キャッキャッ 楽しかった―
〈高3の時〉
私のバイト先の人や友達をお茶に誘ったり
エイコちゃんのお母さんと今度お茶するんだけど
え?!
プレゼントをあげたりする
〈成人してから〉
私のテリトリーで知らないうちに親が好き勝手やりまくる過去が

だから体内に侵入したお母さんが暴れだして
やめてよも〜〜〜!!!
私がせっかく育てた畑をメチャクチャにしてるとしか思えない
ザク
ザク
こうしたほうがいいわよ〜
義親との関係性
娘のものは私のもの!!!
最後は折れた
うるさい!! お前に何言われても行く!!
関係ない!!
ハイ… 分かりました… もう勝手にして下さい
その代わり私はお母さんお父さんと、もう連絡をとりません…
妊娠でもしたらその時は連絡します
と…とうとう言った… 連絡しない宣言
言っちゃった でもこれで
ゼェ ゼェ
分かってくれるかもどれだけイヤかって
お母さんとお父さんはタカちゃんの両親にアッサリ会いに行った
……
さらにこの翌々日
妊娠が発覚
それでねー タカちゃんのお母さんがねー 食事の時ねー
またこうしてお母さんと会っている… 妊娠したら連絡するって言ったし仕方ないか…
これからはお母さんとうまくやることを考えなきゃ…
あ それから
エイコちゃん中絶したことあるの?
……
……なんでそんなこと聞くの?
だっていろいろ大変だからサー

何が大変なの？
興味本位で聞いてるんだよね なんなのあの人 ねぇどう思う？
知らないよもー
さらに父から来た手紙
「今までのあなたの行動はわがままで自分勝手で許せなかった」？
「子どもが生まれたらしっかりするように」？
おそらく本人は叱咤激励《しったげきれい》のつもり しかしこれがとてつもなく効いた
私がお母さんのことでどれだけ大変な目に遭ってたか分かってるんだと思ってた
ぜんぜん知らないんだこの人
ぜー ぜー
知らないくせになんだよ
支店長だと思ってたけど
もっと気合いいれてやらんかい
ですよね―
おやめなさい
本当は強盗側のボスだったんだ
どうしてウチの親はこうなの？
なんで一緒に考えてくれないの?!
もー知らないよ
なんだよもー
ひどいよ ひどいよ!!
悲鳴
このままじゃ
あの人たちのせいで私がリコンされちゃう
これがビッグバンが起こるきっかけだった
あの人たちとはもう
関わっちゃいけないんだ
関わるだけで私の人生がメチャクチャになるんだ

まずやったこと
電話やメールを無視する
いつも失敗して、反応しちゃってたけど
今回はちゃんと携帯番号を変えよう
ハア…ハア…
カチカチ
もう無理だもん つき合うの
ハア…ハア…
ドックン ドックン
ゼェ…ゼェ…
仕方ないんだ これでいいんだ
一日中自分に言い聞かせる
仕方ない
いいんだ いいんだ
そしてインターネット検索
カタカタ
Geegle
親 つらい
検
カチカチッ
親 無理
カタカタカタカタ
親 話通じない
実はこの半年ほど前こういうことがあった
私昔さーすごく意地悪な人がいるところでバイトして
クタクタになってお風呂も入れない時期あった
そん時あーでこーで
友人とランチ
自分では「ちょっとヤバイ頃の話(笑)」のつもりだったんだけど
あ〜 うつだったんだね
へ?!
え?うつ?
私が?いや、そんなわけないと思う
いや〜それはまぎれもなくうつだと思うよ
自分には関係ないと思ってた

パニック障害の自覚はあったし
ハァ…ハァ…
ゼェゼェ
お母さんはオカシイ!!
親に対して強烈な違和感もあったのに
なぜか確固たる思い込みがあった
私には何も問題はない!
うつ病までにはならない人間だ
問題ない
この「問題ない」感というのは誰でも持っていると思う
自分もそっくりな状況にいる時に限って
うちの親ってこうでああですごくそ…困ってるの
大変そうだなァ
私はこの人に比べて
○○じゃなくて△△だからよかった〜
おたくもこうしてみたらどう?
え?! あー うちはへーき! へーき!
いっしょにすんなよお
細かい点を比較して「自分には問題がない」と結論を出す感覚
それは人間の秩序を保つために必要な本能だと思う
えー私は違う
えー
同じじゃないぞー
みんながみんなに共感して同化してたら世界は成り立たないから
しかしこの頃
え?! うつだったの? この私が?
うそだ!
でもうつに詳しいこの人が言うんだからそうかも
なんだそうだったんだ!
ドキドキ ドキドキ
自分の行動の本当の理由を知る爽快感を知った

「過干渉」とは…保護者が我が子を一人の主体的な人間として認めず、その子供の意思や思考、自我の発達や自主性などを否定して、操り人形のごとく親の意のままにコントロールしようとすること(ウィキペディア)

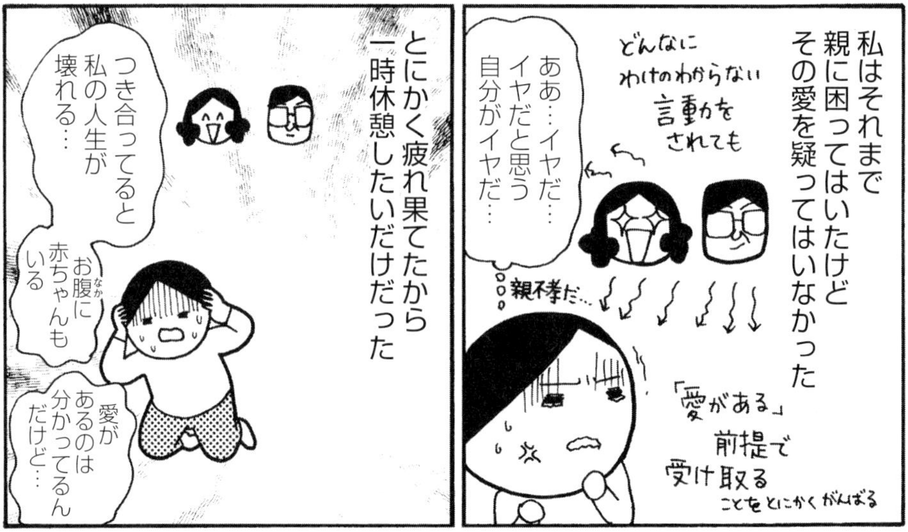

だからその概念は強烈だった
そもそも
愛ではなく
親がやりたいように
アンタを使ってんだよ
過干渉
え
うそ
まさか
でも
すごく
当てはまる
怖い 怖い
ここで気づけた
私は親がどんな人なのか全く知らないってことに
「親はどういう人なのか」客観的に検証してみる
お母さんは気が強くて
情が厚い人
なはず
でもよく考えると
気が強いというより…
ただ、都合が悪いと大声で威嚇してくるだけでは？
私は悪くないわよ!!
そういえばいつも同じこと言ってるし
私は悪くないーっっ!!!
どういうことなんだろう？
本も手当たり次第読んだ
母は娘の人生を支配する
斎藤環
アダルト・チルドレンという物語
信田さよ子
アダルト・チルドレン 癒しのワークブック
西尾和美
WORK BOOK
パーソナリティ障害
岡田尊司
インナーマザー
斎藤学
特に効いたのはこの2冊
毒になる親
スーザン・フォワード
母が重くてたまらない
信田さよ子
ドギャーーン!!と
『毒になる親』は、当てはまりすぎて読むのに時間がかかった
ヒェッ
ヒィッ
読めない!!
もうムリ!!
これ以上ムリ!!

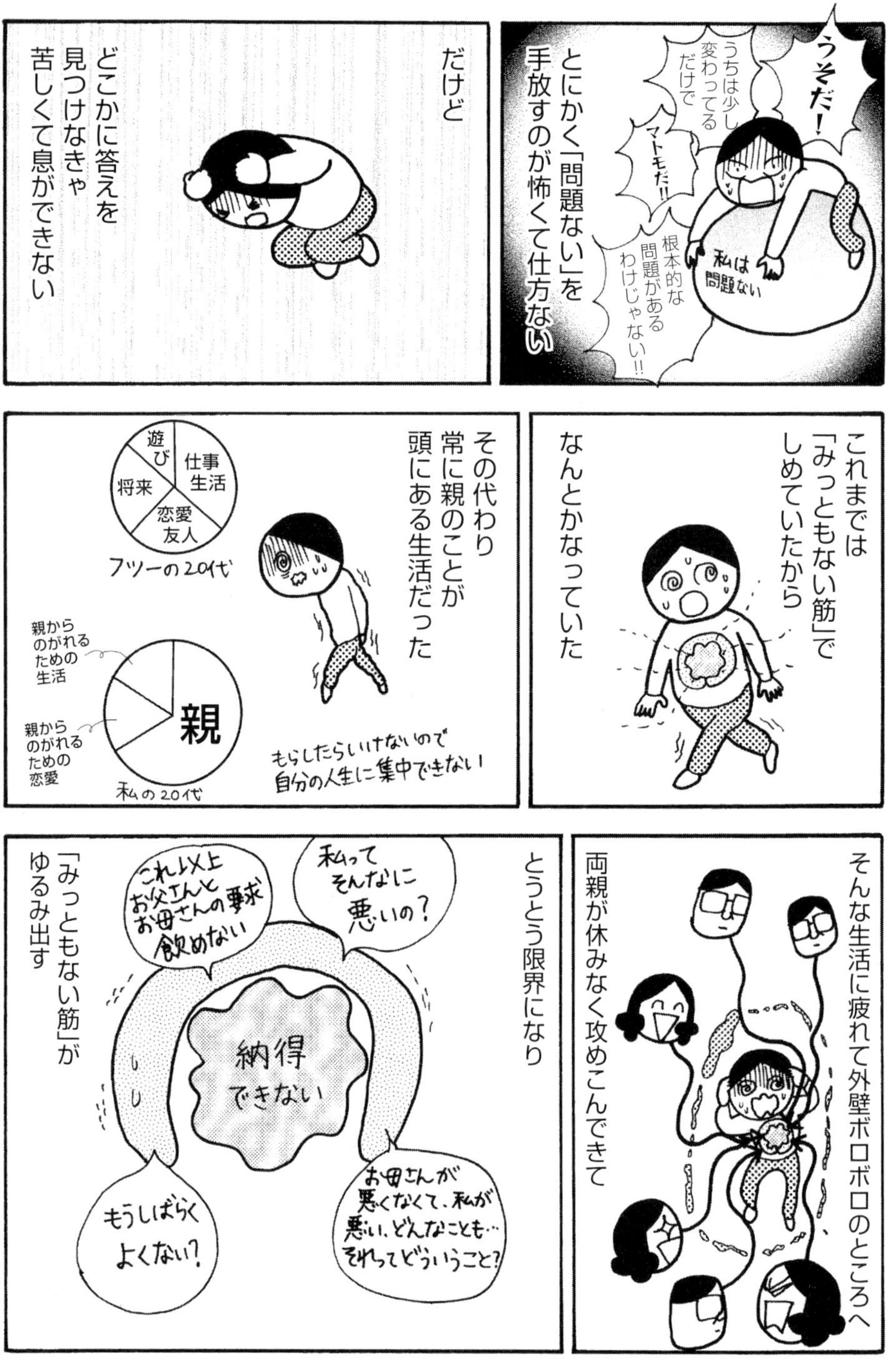
うそだ！
うちは少し変わってるだけで
マトモだ!!
根本的な問題があるわけじゃない!!
私は問題ない
とにかく「問題ない」を手放すのが怖くて仕方ない
だけど
どこかに答えを見つけなきゃ苦しくて息ができない
これまでは「みっともない筋」でしめていたから
なんとかなっていた
その代わり常に親のことが頭にある生活だった
遊び
仕事生活
将来
恋愛友人
フツーの20代
親からのがれるための生活
親
親からのがれるための恋愛
私の20代
もらしたらいけないので自分の人生に集中できない
そんな生活に疲れて外壁ボロボロのところへ
両親が休みなく攻めこんできて
とうとう限界になり
私ってそんなに悪いの？
これ以上お父さんとお母さんの要求飲めない
納得できない
お母さんが悪くなくて、私が悪い。どんなことも…それってどういうこと？
もうしばらくよくない？
「みっともない筋」がゆるみ出す

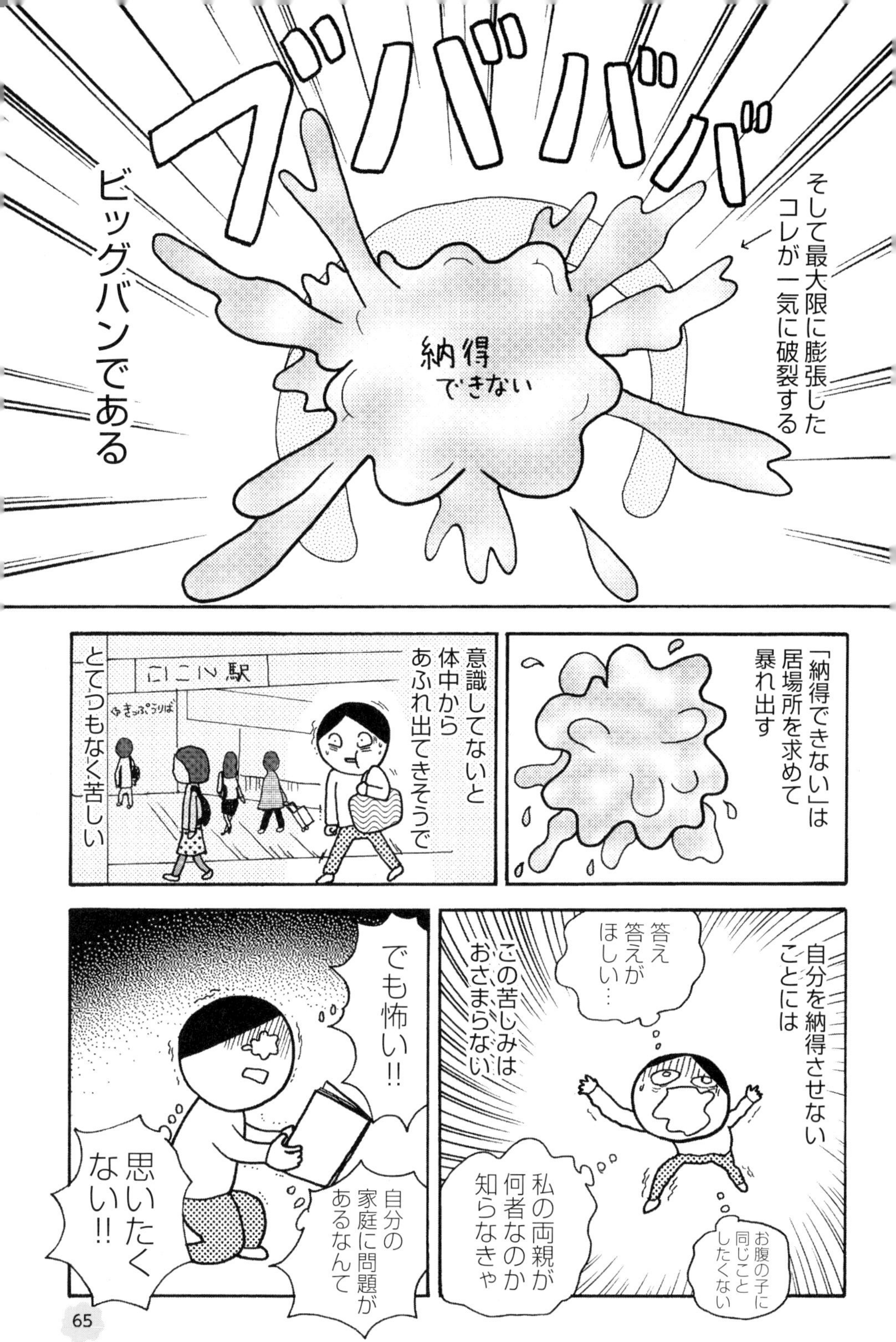

そして最大限に膨張した
コレが一気に破裂する
ズバババ
納得できない
ビッグバンである
「納得できない」は
居場所を求めて
暴れ出す
意識してないと
体中から
あふれ出てきそうで
きっぷうりば
とてつもなく苦しい
自分を納得させない
ことには
答え
答えが
ほしい…
この苦しみは
おさまらない
私の両親が
何者なのか
知らなきゃ
お腹の子に
同じこと
したくない
でも怖い!!
自分の
家庭に問題が
あるなんて
思いたく
ない!!

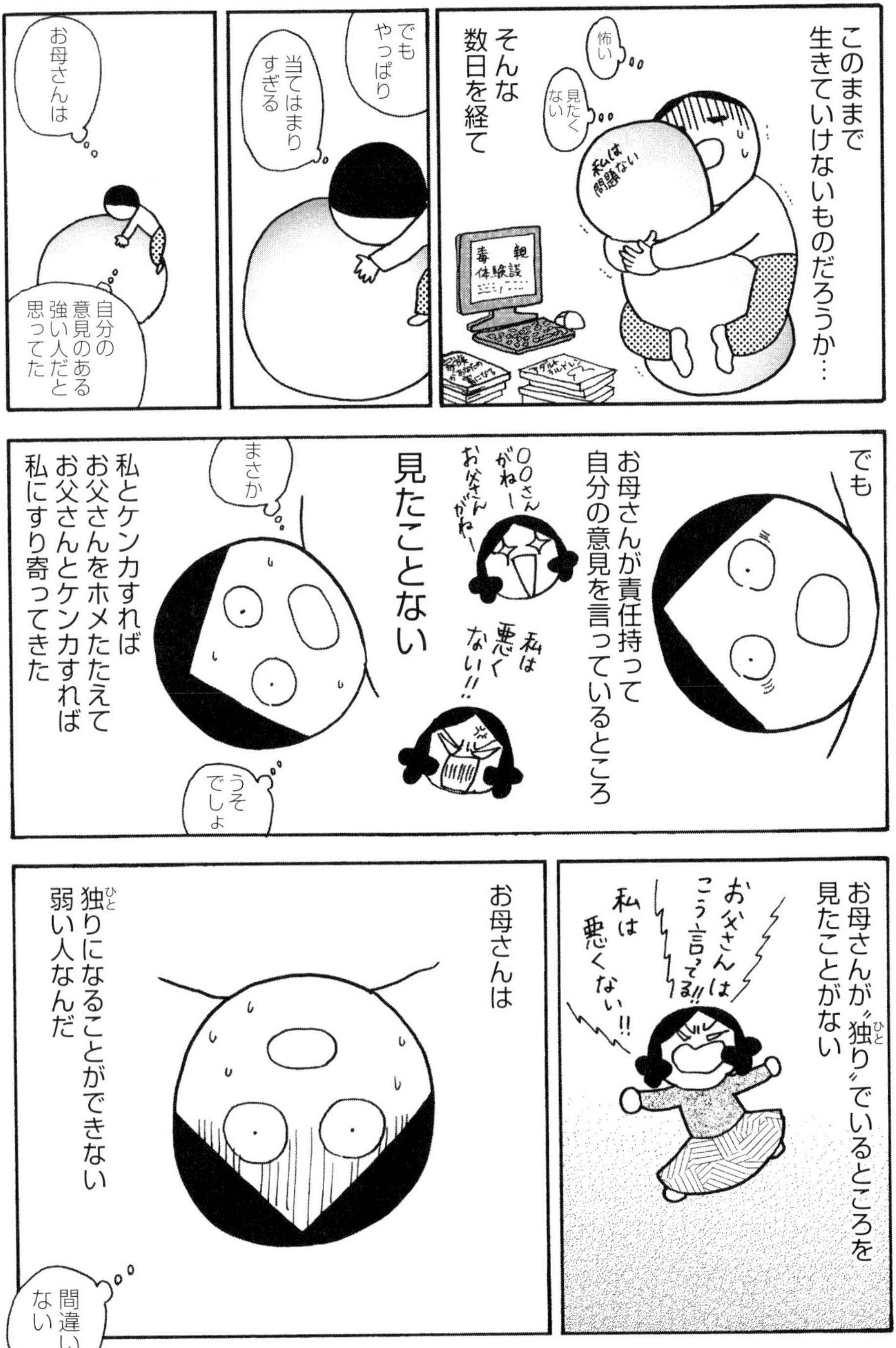
このままで生きていけないものだろうか…
怖い
見たくない
私は問題ない
毒親体験談
そんな数日を経て
でもやっぱり
当てはまりすぎる
お母さんは
自分の意見のある強い人だと思ってた
でも
お母さんが責任持って自分の意見を言っているところ
○○さんがねー
お父さんがねー
私は悪くない!!
見たことない
まさか
うそでしょ
私とケンカすればお父さんをホメたたえてお父さんとケンカすれば私にすり寄ってきた
お母さんが〝独《ひと》り〟でいるところを見たことがない
お父さんはこう言ってる!!
私は悪くない!!
お母さんは
独《ひと》りになることができない弱い人なんだ
間違いない

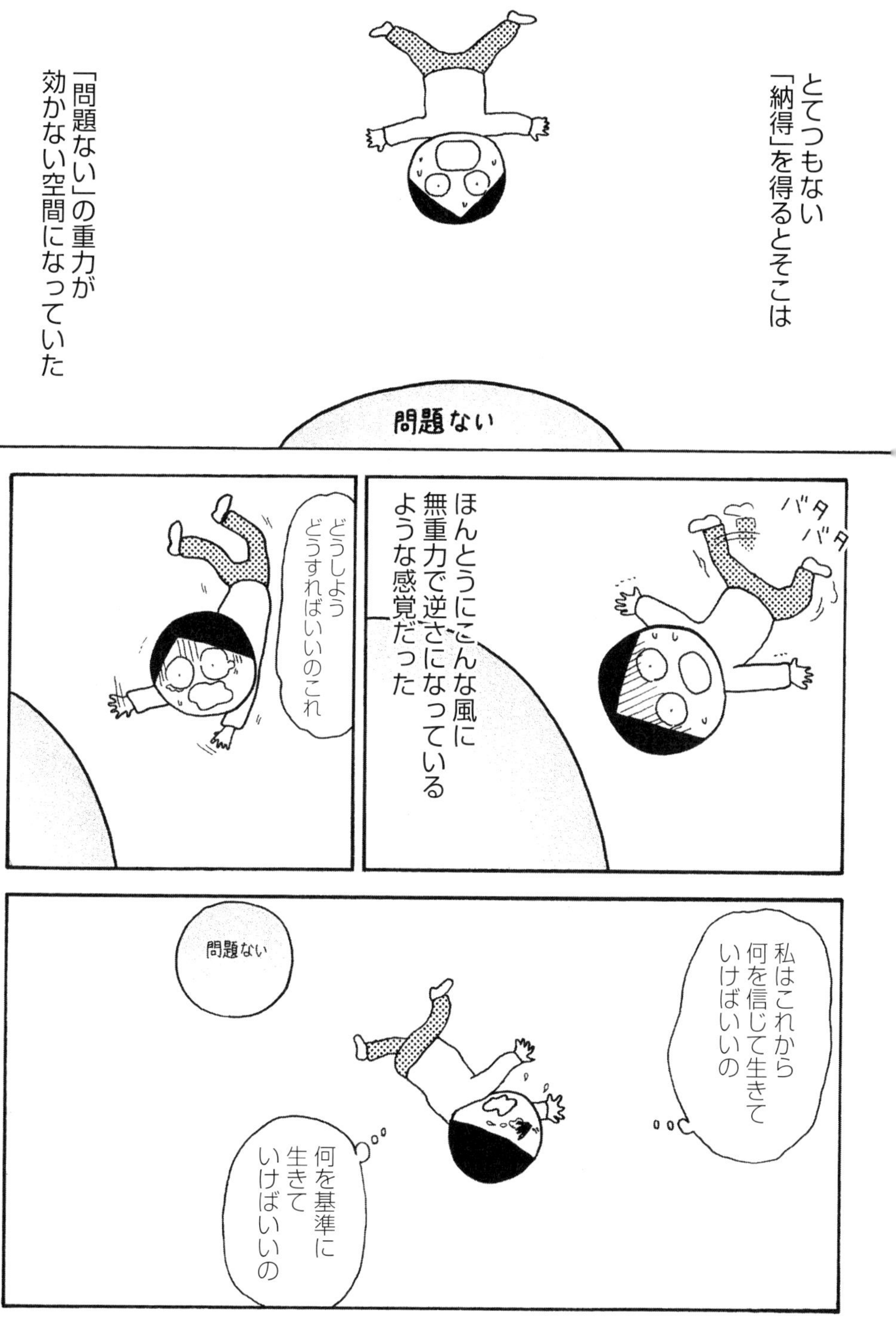
とてつもない
「納得」を得るとそこは
「問題ない」の重力が
効かない空間になっていた
問題ない
バタバタ
ほんとうにこんな風に
無重力で逆さになっている
ような感覚だった
どうしよう
どうすればいいのこれ
私はこれから
何を信じて生きて
いけばいいの
問題ない
何を基準に
生きて
いけばいいの

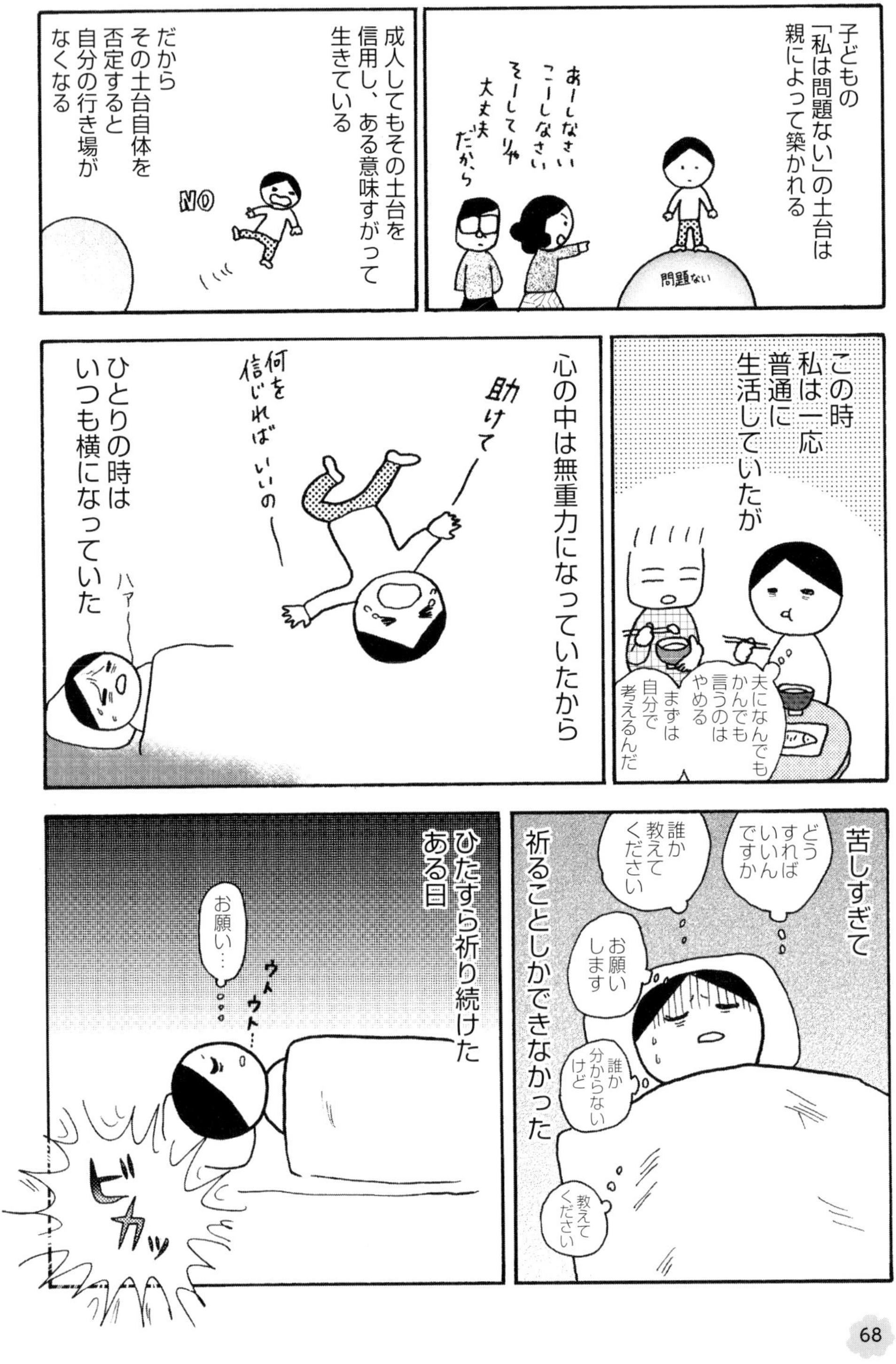
子どもの「私は問題ない」の土台は親によって築かれる
あーしなさい こーしなさい
そーしてりゃ 大丈夫だから
問題ない
成人してもその土台を信用し、ある意味すがって生きている
だからその土台自体を否定すると自分の行き場がなくなる
NO
この時私は一応普通に生活していたが
夫になんでもかんでも言うのはやめる まずは自分で考えるんだ
心の中は無重力になっていたから
助けて
何を信じればいいの
ひとりの時はいつも横になっていた
ハァ
苦しすぎて
どうすればいいんですか
誰か教えてください
祈ることしかできなかった
お願いします
誰か分からないけど
教えてください
ひたすら祈り続けたある日
お願い…
ウトウト…
ピカッ

急にまぶたの中が光りだした
チカッ
え…
チカッ
ビカ
ビカ
ああ…
なんだこれ
そして発光した地蔵のようなものが見えた気がして
その地蔵が
まき散らさない
と言ったような気がした
まき散らさない?
まき散らさない…
まきちらす…
……
そうか…分かったぞ

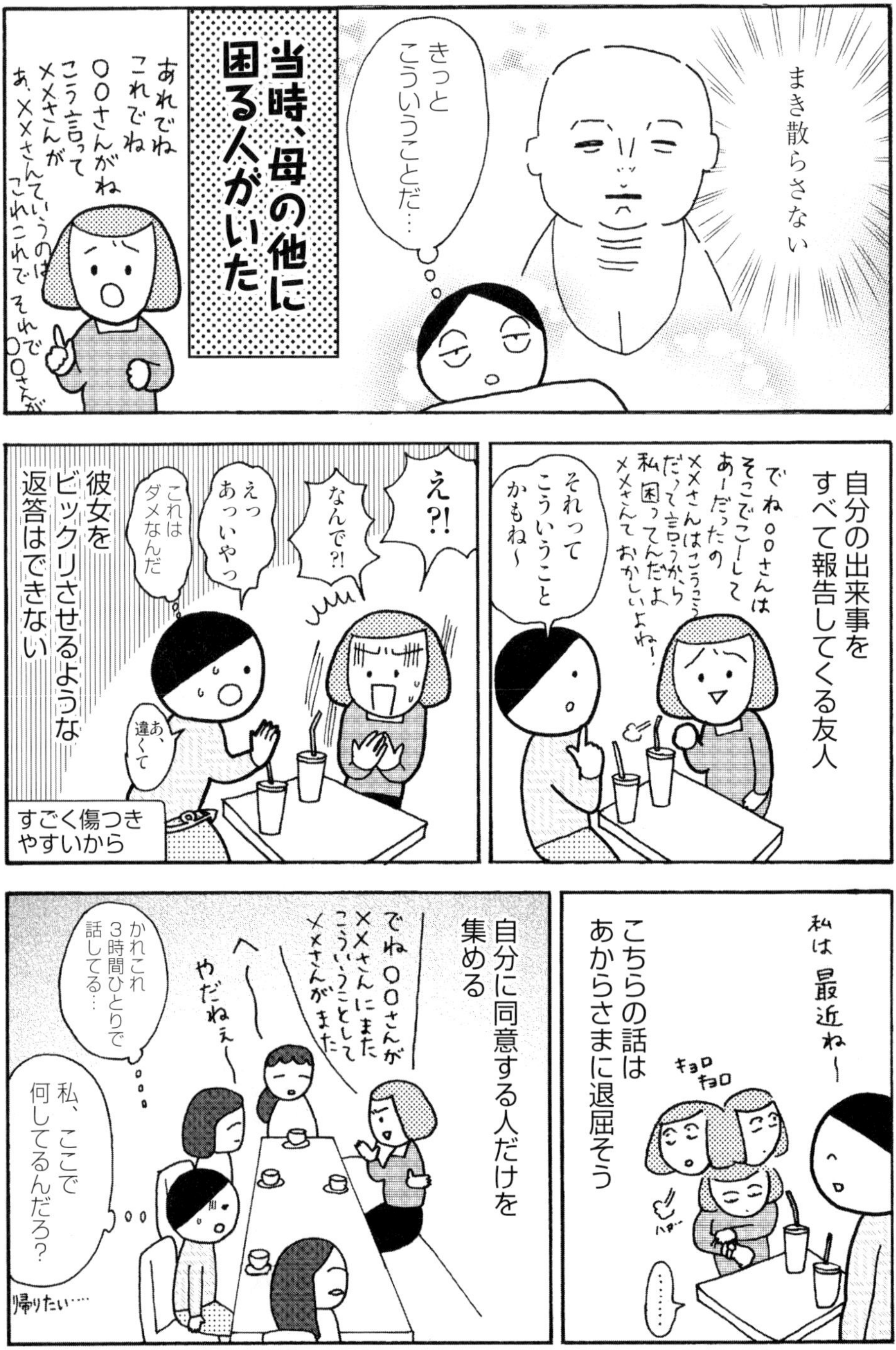
まき散らさない
きっとこういうことだ…
当時、母の他に困る人がいた
あれでね これでね 〇〇さんがね こう言って ××さんが あ、××さんていうのは これこれで それで 〇〇さんが
自分の出来事をすべて報告してくる友人
でね 〇〇さんは そこでこーして あーだったの ××さんはこうこう だって言うから 私困ってんだよ ××さんておかしいよね!
それって こういうこと かもね〜
え?!
なんで?!
えっ あっいやっ
これは ダメなんだ
あ、違くて
彼女をビックリさせるような返答はできない
すごく傷つきやすいから
私は 最近ね〜
キョロ キョロ
ハァー
……
こちらの話はあからさまに退屈そう
自分に同意する人だけを集める
でね 〇〇さんが ××さんにまた こういうことして ××さんがまた
へ〜
やだねぇ〜
かれこれ 3時間ひとりで 話してる…
私、ここで 何してるんだろ?
帰りたい…

よく分からない疑いをかけてくる
あの話△△さんに言ってないよね?!
??言ってないよ…
てか、その話自体忘れてたよ…
自分の心に留《とど》めておいてよ…なんで口に出しちゃうの?
疲れた…
距離を置くとすごくホメてくる
田房さんのこと本当に尊敬しています。すごいです
大好きです。また遊んでください
MAIL BOX
田房さんへ
シラ〜
友人
母
このふたり…なんか似てるな〜と思ってた
分かったぞ
ふたりとも「まき散らしてる」んだ
自分で「不安」を持っていることができなくて
ワーワー
ワーワー
心配
不安
カチカチ
時限爆弾みたいなもの
人に押しつけ
え?! 私悪くないよね?!
違うよね だよね
あー よかった それでね ○○さんはこう言うんだけど ××さんはね あーでこーで
不安
心配
まき散らして
お母さんの言う通りにしてればいいの!
アンタは黙ってればいいんだから!
不安
ね! 聞いて 聞いて
不安

相手の「不安」は
私にもこれが…
アンタが悪いのよ そんなの！
あっち持ってけ！
不安
絶対に受け取らない
zzz…
チラッ
不安
私が納得できなかった お母さんの言動…
…
ほぼ全部
お母さんは悪くない！
アンタが悪いのよ！
アンタは子どもだから分かんないの！
お母さんの言う通りにしてればいいんだ！
お母さんの不安のまき散らしだったんだ
中学受験してぇ～
お願い～ 終わったら遊んで いいからァ―― ね？ ね？
担任の先生に電話してやる！
エイコの彼氏 超一流大学卒って ことに しておけば？
なんで部活しないのよ！
お前にどんだけ お金かかってると 思ってるんだ！
ぶあ～～か
私は悪くないからね！
エイコちゃん 中絶したこと あるの？
愛しているのよ
…

そして私も「まき散らし」をやっていた
あ〜で こ〜で どう思う？ こ〜で あ〜なの それでね！
なんでもかんでも話して
意見を尋ねているようで
どうして分かってくれないの!!
どうしてうちの親の味方するの!!
同じ意見でいてくれないとパニックを起こして
結局同意しか求めてない
小さい頃からお母さんみたいにはなりたくないと思ってた
でも、どうしたらいいか分からなくて
妊娠した今もほんとうに困ってる
でも分かった
「まき散らさない」をすればいいんだ
「まき散らさない」ようにするには
不安をちゃんと自分で持っていられることが大事
不安
不安に自分で向き合って
自分で処理する
不安時限爆弾解除マニュアル
時限爆弾処理法
不安

そうだ
不安を自分で
処理する
私が最近
やっていた
ことだ
夫にいちいち話すのを
やめて
ひとりで考える
それが
まき散らさない
ってことだ
合ってた
私きっと
合ってるんだ
大丈夫だ
まき散ら
さない
これできっと
合ってる
そう思えた時
トン…ッ
問題ない
もうひとつの
別の土台に
着地
していた

大丈夫だ
親からはずーと
なんでもかんでも
お前が悪い
お前がこうだからだ
というメッセージを受け取り続けてきて
私が悪いんだ
反省しなきゃ
私ってほんとにダメだ
ハァハァ
感謝しなきゃ
といつも思うのが私の大前提だった
どうにもならなくて親に反発しても
抑えられないコレ
頭では
親は私のこと思ってくれているんだ…
と思ってた
感謝しなきゃ
だけど親からは
わがまま
自分勝手
アンタが悪い
こっちは迷惑してる
という反応ばかりでエンドレスに反省し続けて

とうとう限界が来た
私ってそんなに悪いの?
これ以上反省できない
そして今ここに立っている…
私が悪いわけじゃなかった
私は何も悪くなかった
この化学反応は
私は悪くなかった
納得できない
ヤバい
ボボボボ
ボンッ
体中を「納得できない」がかけめぐりうごめく
うう〜くやしい〜
あの時もこの時も私は悪くなかった〜!!
ぐやじい
この頃は排出の仕方を知らなくて
仲の良い友達に4時間くらいぶっとおしで聞いてもらった
それでこれでペラペラペラペラ
止められない

こういう時って
コレが沸騰しながら上がってきて
それでこうであであで
ペラペラペラ
体が浮くような
アガァッ
ゴロゴロ
コレの重みと勢いで
体が転げ出しそうな感じ
それを全身で抑えながら
話すから
フゥ〜
そ…それで…
あの、ハァ
で、その時
お母さんはこう
言ったのが今に
なると…
声が震える
だから今も
震える声を
聞くと
あの声だ
上がってくるよね
ハカかる〜
私もっ
母がしんどくてってそれでっ
と思う
そうなんだ
それはイヤ
だよねぇ
ホーーッ
う…うん
ごめんね興奮して
ちょっと
ラクになった
でもこれは
「まき散らし」
のひとつだ
ひとりの友達に
ずっと聞いて
もらうなんて
できない
こんなこと
してちゃダメだ
何をしていても
頭の中は親への怒りで
いっぱいで
あの時も…
この時もこんな
こと言ってたな
あ、そうだこんな
こともあった
あの時だって
そうだ
アハハ
夜もすぐ
起きてしまう
ムク…
ブラウン管の頃

夜中ずっと起きてお父さんからの手紙の返事を書く
お父さんへ
カタカタカタ
でも書き切れなかった
10枚に減らそうとしたのに
30枚になっちゃった
自分たちに都合よくなんでもかんでも私のせいにして
ハァ…ハァ…
ひどい!!
許せない!!
とにかくこの頃はくやしくて苦しくて
「まき散らさない」をひとりでし続ける自信がなくて不安すぎて
手っ取り早くなんとかしたかった
に似てるところ治療したい
じゃないと赤ちゃんがかわいそう
精神科体験談
治療について
精神科に行くといろいろ質問された
お母さんはどんな人?
これこれこうで
その時お母さんは何をしてた?
たしかこうでこんな感じ
あなたはとんでもない親にとんでもない育てられ方をしたんです
でもあなたは何もおかしくないから治療は必要ない
自信を持って子どもを産んで育ててください
パンパンだった「納得できない」に少し穴が開いた
息ができる…
いつも一般常識みたいなことを引き合いに出されていたから
お前が間違ってる!
フツーはこうなんだ!
私はおかしくない!!
お前は常識がないんだ!
??
そんなの聞いたことないし
フツーに考えておかしいよ!
じゃあお父さんに聞いてみろ!!!

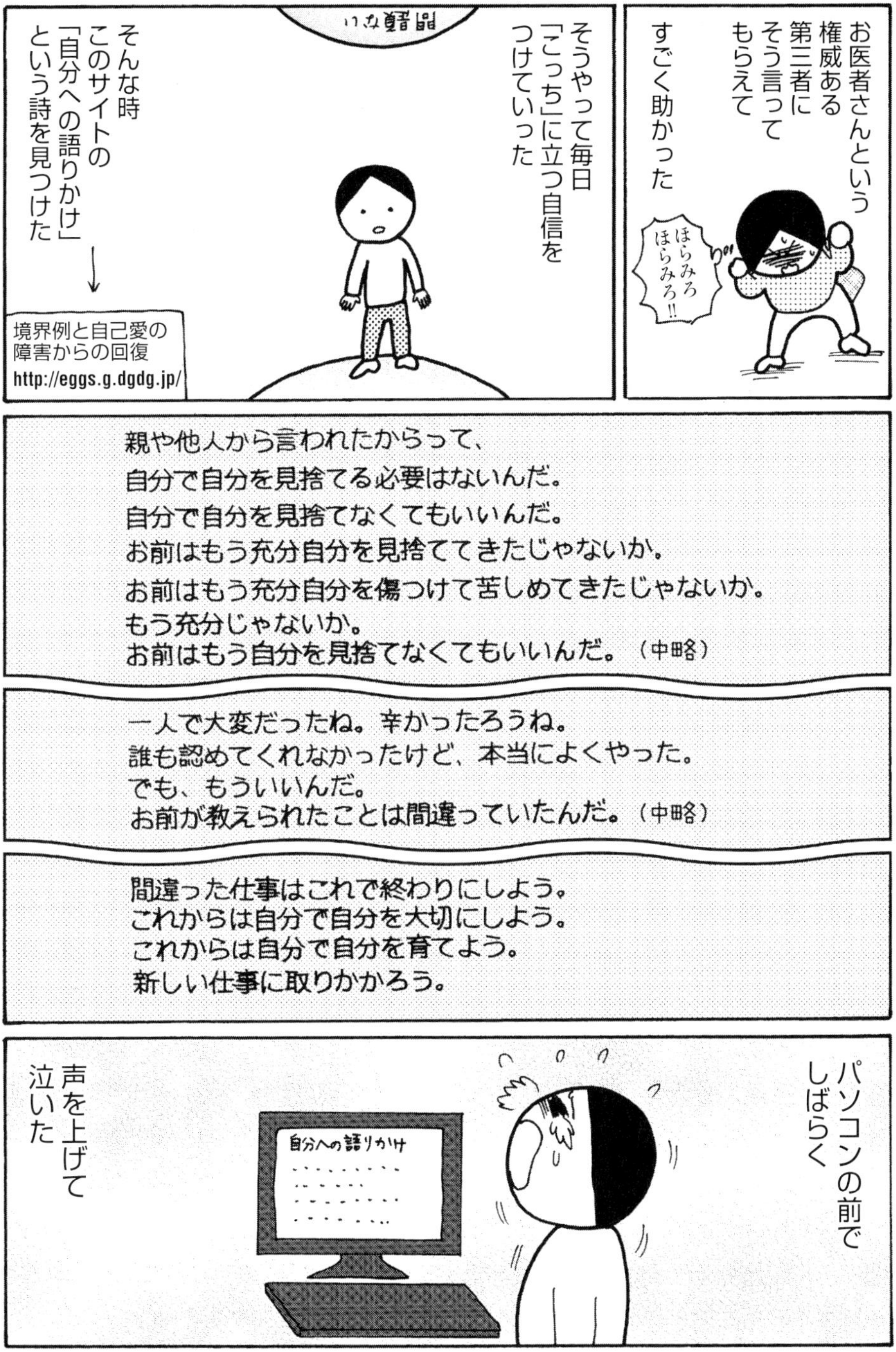
お医者さんという
権威ある
第三者に
そう言って
もらえて
すごく助かった
ほらみろ
ほらみろ!!
そうやって毎日
「こっち」に立つ自信を
つけていった
そんな時
このサイトの
「自分への語りかけ」
という詩を見つけた
境界例と自己愛の
障害からの回復
http://eggs.g.dgdg.jp/
親や他人から言われたからって、
自分で自分を見捨てる必要はないんだ。
自分で自分を見捨てなくてもいいんだ。
お前はもう充分自分を見捨ててきたじゃないか。
お前はもう充分自分を傷つけて苦しめてきたじゃないか。
もう充分じゃないか。
お前はもう自分を見捨てなくてもいいんだ。（中略）
一人で大変だったね。辛かったろうね。
誰も認めてくれなかったけど、本当によくやった。
でも、もういいんだ。
お前が教えられたことは間違っていたんだ。（中略）
間違った仕事はこれで終わりにしよう。
これからは自分で自分を大切にしよう。
これからは自分で自分を育てよう。
新しい仕事に取りかかろう。
パソコンの前で
しばらく
自分への語りかけ
声を上げて
泣いた

自助グループとは・・・セルフヘルプ/グループの訳で、共通の課題をもった当事者のための集まり
(『季刊Be!』(アスク・ヒューマン・ケア)増刊号No26より)

この頃の私は「苦しい」は風邪みたいなモノであり
くやしいっ
ウウー
苦しいー
早く「治すべきモノ」だと思ってた
早く『フツーのマトモな人』になるべし
苦しいことはもう何もない
だから「自助グループ」も治すための場所であり
一定期間通ったら行かなくなるのが「正しい」と思っていた
私が初めて行った自助グループ
何これすごくせまい
なんか怖いな
男性
男性
女性
最初の男性が自分の半生を話し出すと
私は…
ぶわっ
涙が止まらなくて困った
ペラペラ ペラ ペラ
すごく早口だった
男性のひたむきに生きる姿勢に感動したんだと思う
うっ うっ ひっく
ううううっ
ペラペラペラ
自分の順番が来た時は
ボーゼンとしながら話した
えっと… 私の母は 自分のしたいことは どんな手を使ってでも する人で…

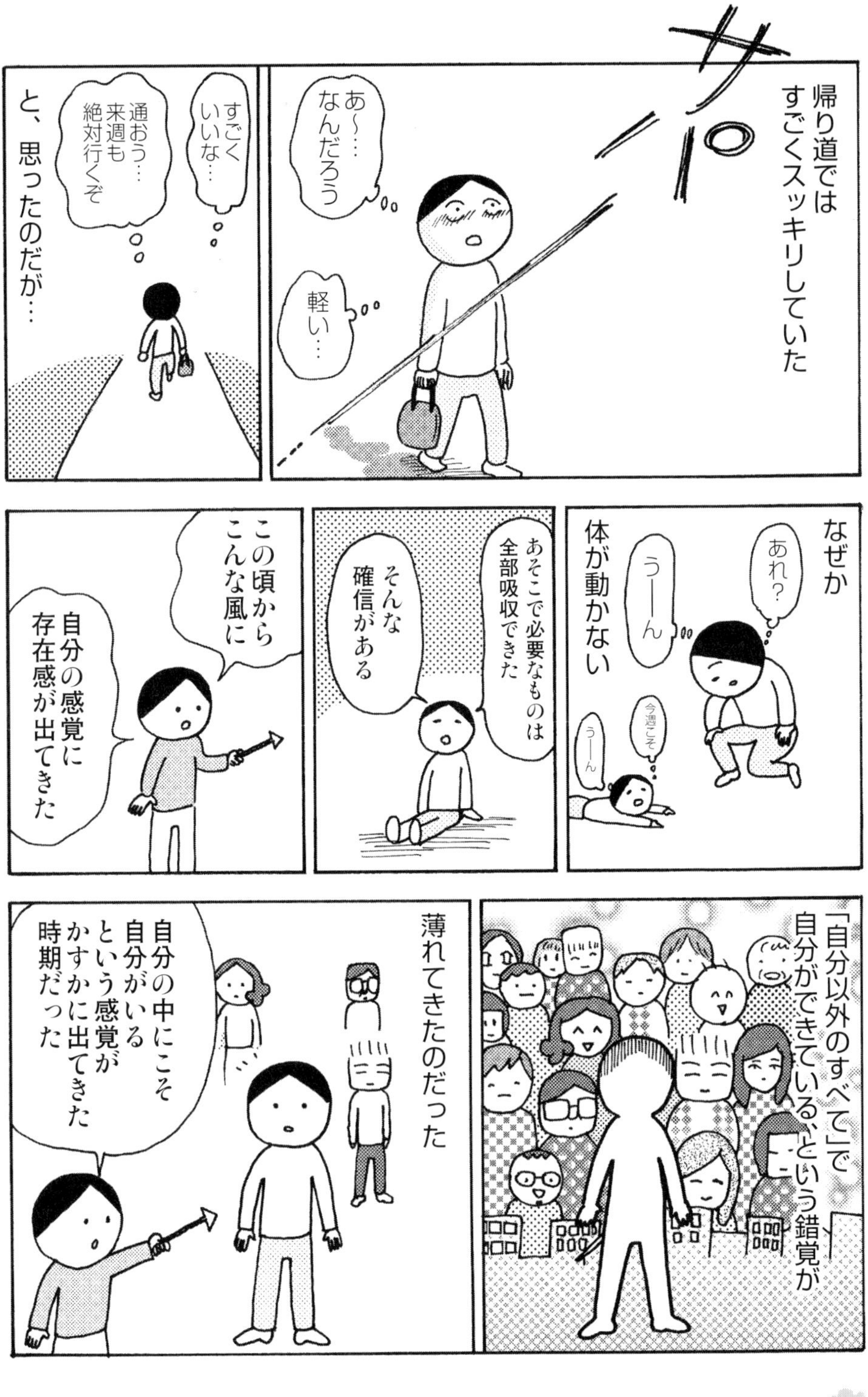
サパ
帰り道では
すごくスッキリしていた
あ〜…
なんだろう
軽い…
すごく
いいな…
通おう…
来週も
絶対行くぞ
と、思ったのだが…
なぜか
あれ?
うーーん
体が動かない
今週こそ
うーーん
あそこで必要なものは
全部吸収できた
そんな
確信がある
この頃から
こんな風に
自分の感覚に
存在感が出てきた
「自分以外のすべて」で
自分ができている、という錯覚が
薄れてきたのだった
自分の中にこそ
自分がいる
という感覚が
かすかに出てきた
時期だった

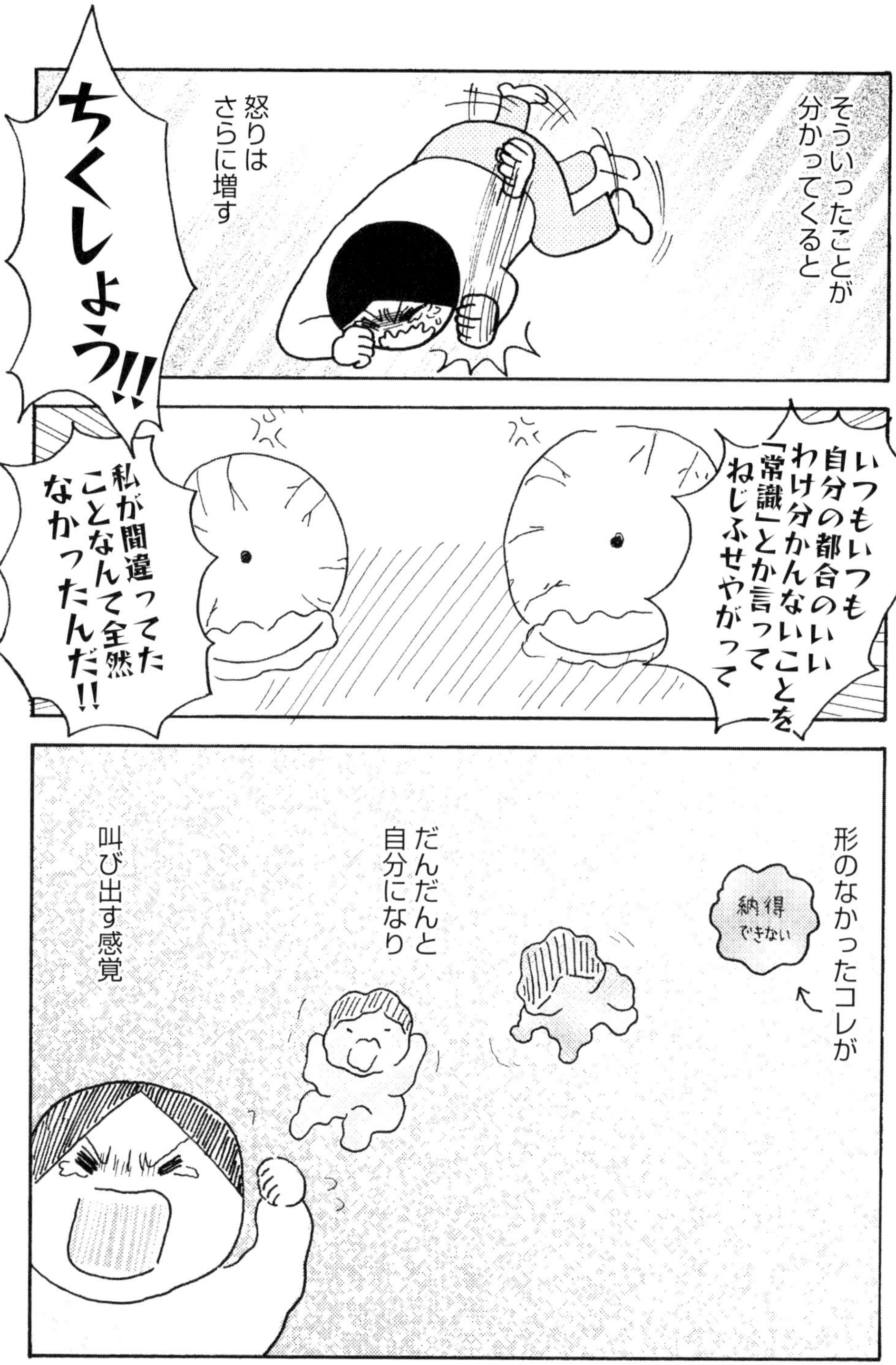

そういったことが
分かってくると
怒りは
さらに増す
ちくしょう!!
いつもいつも
自分の都合のいい
わけ分かんないことを
「常識」とか言って
ねじふせやがって
私が間違ってた
ことなんて全然
なかったんだ!!
形のなかったコレが
納得
できない
だんだんと
自分になり
叫び出す感覚

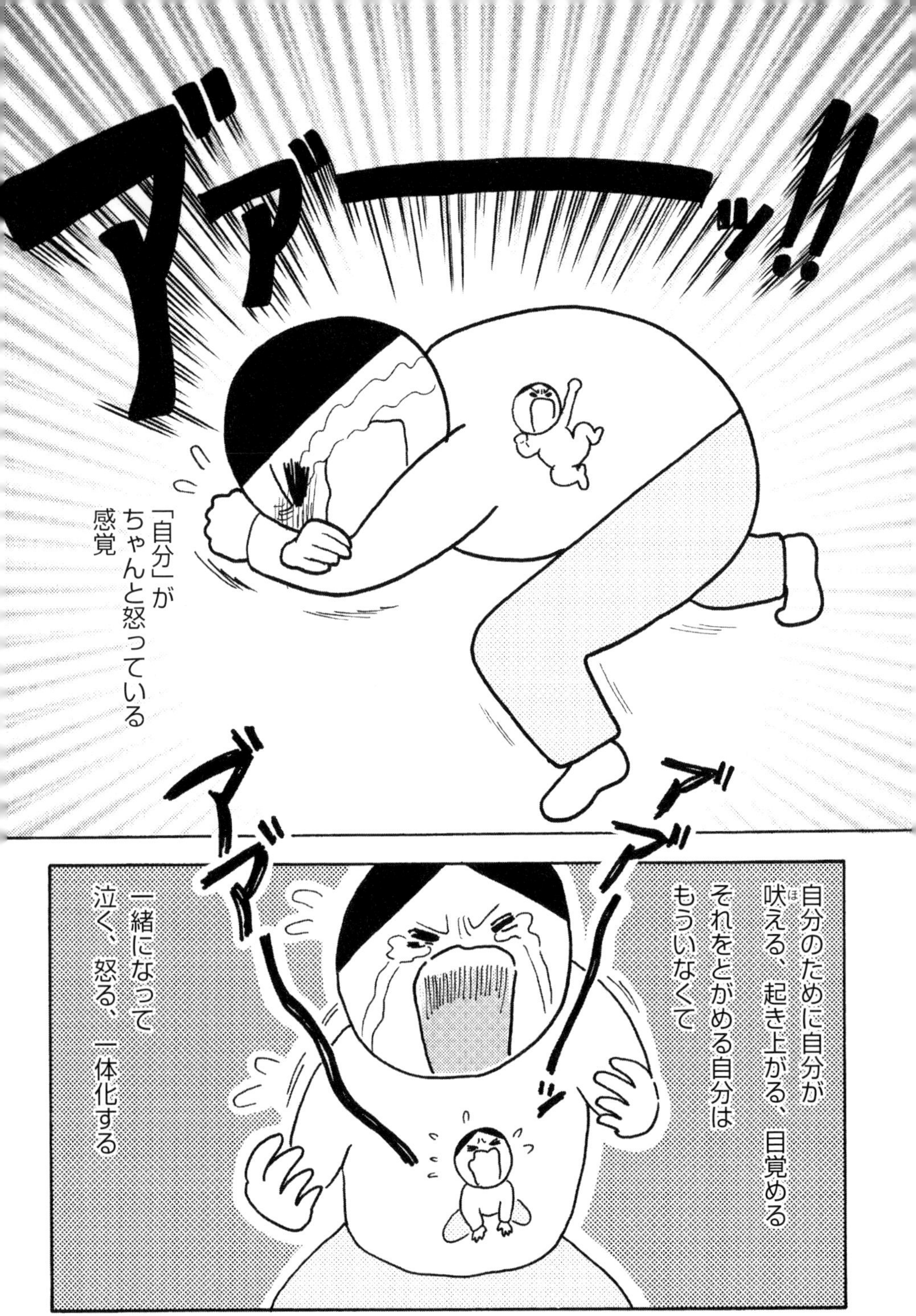
ア゛ア゛ーーーッ!!
「自分」が
ちゃんと怒っている
感覚
自分のために自分が
吠《ほ》える、起き上がる、目覚める
それをとがめる自分は
もういなくて
ア゛ア゛ーーッ
ア゛ア゛ーー
一緒になって
泣く、怒る、一体化する

お母さんとお父さんの私への言動は
アンタはなんにも考えなくていいの!!
お母さんの言う通りにしてればいいの!
そんなの悲しむことじゃない!
なんでなんで
イヤなら家を出ていけ!!
出ていけるわけないって分かってるのに
そんなことで悲しむお前がおかしい!
ブブラジャー買ってよ
無視
やることも感情も決められる
要求も通らない
まるで胎児扱いだった
公園来たよ~
オッ元気ゴキゲンだねぇ
こんなとこ来たくねぇ~ブルーだわ
←と思ってるかもしれないのに
行き先も感情も決められてしまう胎児
ほうっておいてくれればきっと私の中の「私」はちゃんと育ったのに
お母さんはそれを阻止し続けた
納得できないことが多すぎて
納得できない
コレにつつまれて同化してた私の中の「私」
「私」は29歳にしてやっとちゃんと「生まれた」
ウワー
アブアー
アブアー
ワーン
ウッ
ウッ
自分で自分を生んであげることってできるんだ

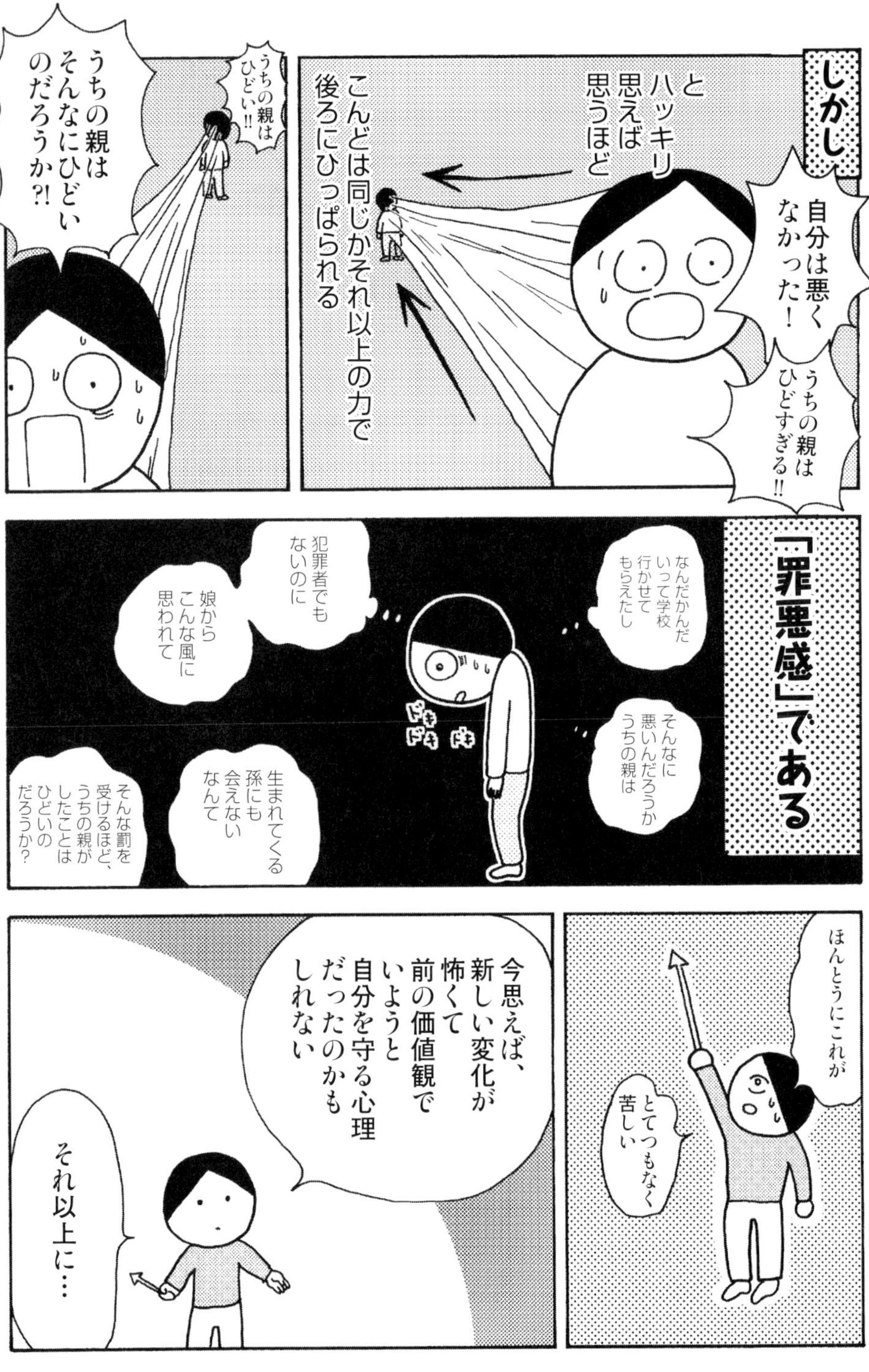
しかし
とハッキリ思えば思うほど
自分は悪くなかった！
うちの親はひどすぎる!!
こんどは同じかそれ以上の力で後ろにひっぱられる
うちの親はひどい!!
うちの親はそんなにひどいのだろうか?!
「罪悪感」である
なんだかんだいって学校行かせてもらえたし
そんなに悪いんだろうかうちの親は
犯罪者でもないのに
娘からこんな風に思われて
ドキドキドキ
生まれてくる孫にも会えないなんて
そんな罰を受けるほど、うちの親がしたことはひどいのだろうか？
ほんとうにこれが
とてつもなく苦しい
今思えば、新しい変化が怖くて前の価値観でいようと自分を守る心理だったのかもしれない
それ以上に…

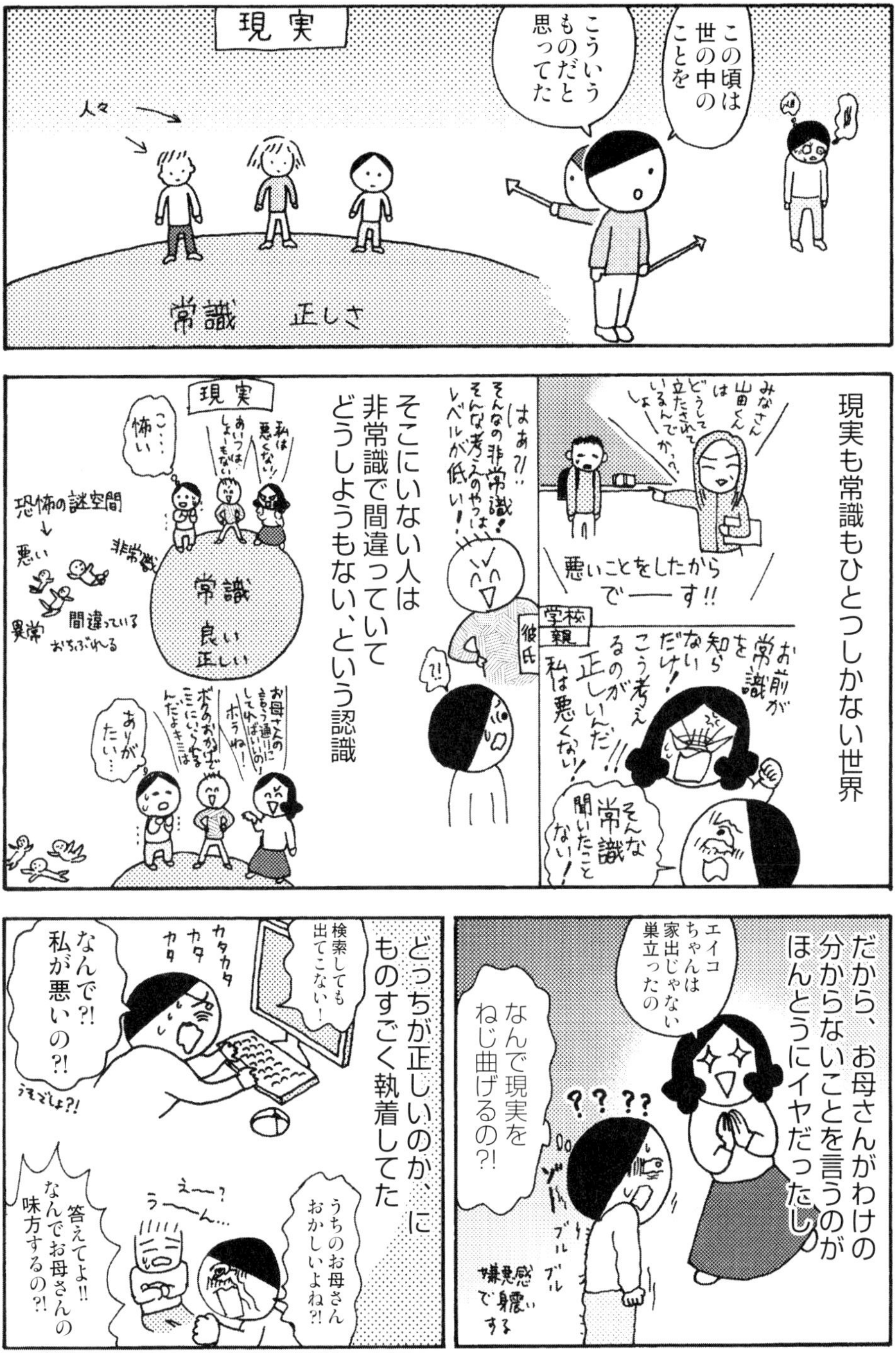
現実
この頃は世の中のことを
こういうものだと思ってた
人々
常識　正しさ
現実も常識もひとつしかない世界
みなさん山田くんはどうして立たされているんでしょう?
悪いことをしたからで――す!!
学校
親
お前が常識を知らないだけ!
こう考えるのが正しいんだ!!
私は悪くない!
そんな常識聞いたことない!
はあ?!! そんなの非常識! そんな考えのやつはレベルが低い!
彼氏
?!
そこにいない人は非常識で間違っていてどうしようもない、という認識
現実
私は悪くない!
あいつはしょーもない
こ…怖い
恐怖の謎空間
悪い
非常識
異常
間違っている
おちこぼれる
常識
良い
正しい
お母さんの言う通りにしてればいいの! ホラね!
ボクのおかげでここにいられるんだよキミは
ありがたい…
だから、お母さんがわけの分からないことを言うのがほんとうにイヤだったし
エイコちゃんは家出じゃない巣立ったの
なんで現実をねじ曲げるの?!
????
ゾー
ブルブル
嫌悪感で身震いする
どっちが正しいのか、にものすごく執着してた
検索しても出てこない!
カタカタ
カタ
カタ
なんで?! 私が悪いの?!
うそでしょ?!
うちのお母さんおかしいよね?!
え~~?
う~~ん…
答えてよ!! なんでお母さんの味方するの?!

つまり
親のひどさ
自分の親への対応
この2つのバランスがちゃんととれているのか、がものすごく気になった
正直今の私からすると
このバランスがとれてるとしてそれがなんなんだ?
って感じだけど…
この頃は
どういう風に親と絶縁するのが正しいのか?
といつも考えていた
そんな時、ネットの相談掲示板を見ていてこんなのを見つけた
夫の母が、私たちの新婚旅行についてくると言い出しました。激怒した夫は義母を拒絶し絶縁状態になってしまいました。
ハワイ
着拒
私はどうしたらいいでしょう?
えーっ
いいんだ
別にほんとうについてきたわけじゃなくて
ドキドキ
「しようとした」だけでも
絶縁していいんだ
この相談文で
もしかして…何をされたから親をきらっていいとかじゃなくて
自分がイヤだったらイヤ、でいいんじゃないだろうか…
ということを学んだ

そうは思っても
いいんだ！
すぐに罪悪感にひっぱられる
この頃は、ひとりで洗い物をしていると頭の中で他人の声が鳴りひびいた
親を粗末にするなんてねェ
親不孝よねえ～
親が死んだあと必ず後悔するのにねェ
うるさい……
……うるさい…
親が今頃、自分のことをどう悪く言っているか分かるので
ほんとーにわがままでどうしようもない
親に感謝こそすれ反発するなんて
そのセリフが頭に鳴り響く
くやしくてくやしくて
電話して怒鳴ってやりたくなる
これは昔の…悪徳バイトの時と同じだ…
社長がやめた人のことを
あいつは負け犬だ あーいうやつはどこに行ってもつかいものにならない
ウチでやれないやつはどこ行ってもダメ
ものすごく悪く言うので
「やめたい」と思うだけで恐怖を感じ
やめようと思った時点で負け犬… 何をやっても通用しない…
やめることができない
あれと同じ罠《わな》なんだこれは
と思ってしのいだ
そんな毎日をくり返しているうち
流産してしまったのだった
婦人科クリニック
婦人科クリニック

親と関わらないと決めてから
5か月経った
もうすぐ半年
半年経つぞやった
ざまあみろ
ハァ
ハァ
ゼェ ゼェ
親を無視した期間が増えるのが喜びだった
ああ…ズッシリしてきた…うれしい…うれしい…
親と関わらない日数
これが重くなるイコール「自信」につながった
それは
罠にひっかからないで自分を守ることができる
電話して怒鳴ってやりたい
いやなの!連絡しないで!
つまり
自分が『自分自身』の味方でいることを選択する
罠なんだ!
ポイ
そうだよ!ありがとう
ことであり
『自分自身』との信頼関係を築くということ
ありがとう
今まで無視しててゴメン
そういう、大切な大切な期間なんです!!
この期間は、こんなことも言われやすい
意地はってないでちゃんと親に謝りなよ…
いつまで逃げるつもり?
子どもじゃないんだからさぁみっともないよ
親だってひとりの人間なんだから許してあげなよ!
そんなに親のこと気にするのってさぁ親のこと好きで仕方ないんだよ

これらも
罠です
私…
意地はってるのかな
逃げてるのかな
間違ってるのかな…
↑ついついこう思ってしまう
「逃げてる」は、本当によく使われる言葉だけど
そもそも、自分を押し殺して〝ないこと〟にして親とつき合っていたわけで
そこで限界を感じて
自分の本当に取り組むべき問題に取り組んでる人に対して
自分自身との信頼関係の回復
「逃げてる」って表現おかしいいんですよ
どちらかと言えばそれ以前のほうが「逃げてた」わけで
お母さんのイヤなところ
見ないことにする
親にされたつらいこと
のりこえたと思いこむ
おしころす
自分の気持ち
同じく「許してあげて」も間違った使い方です
親のとんでもない言動を
目をつぶって息を殺して
自分をなくして
許して許して許し続けてきた人が
もう無理!!
これ以上許してたら私の人生がこわれちゃう!!
と気づいた、ということなのでこの状態の人に
「許してあげて」は
ものすごくトンチンカンなセリフです

そして
この概念
（愛）好きと嫌い（憎悪）は表裏一体。
つまりあなたはお母さんのことが好きなのよ
私はこれを言われるのが心底つらかった
そしてよく言われるNo.1
好きじゃなきゃそんなに気にするはずがない
お母さんに甘えてるのよ
大人になりなさい
ギュウ ギュウ
と、世間は問題を小っちゃく小っちゃくしようとする
そういう考え方もあるのかもしれないけど、今の私には言わないで—!!
そんな風に必死で自分を守っていた私だが
私は間違ってない！
嫌いなものは嫌いなんだからそれでいいんだ！
好きの裏がえしとか言われても知らないよ!!
流産したことだけは
両親に伝えなければ…
と思っていた
ねぇ…タカちゃんが電話して伝えてよ
エ〜〜〜…
最近は向こうから連絡ないんでしょ？
自分で言いたくないなら言わなくてもいいんじゃない？
でも…あとで向こうは生まれてると思ってて生まれてないとかなったら
そういう事態を想像するだけで吐きそうだから…
ドキドキ
ハァ ハァ
電話したら体に気をつけてって言ってたよ
ありがとう…
私のほうにも電話攻撃来るだろうからそれだけは出る…
しかし電話は来なかった

な…なんだろう… ほんとに うちの親って…
心配しなくていいところで異常なほど心配してたくせに…
許せない… いつも私のことふりまわして
苦しい 苦しい…
いつまで続くんだろう こんな苦しいの…
あの時も この時も
ウッ ウッ
謝れ…!!
謝れよ…!!
私の人生ジャマしてきたこと謝れ…!!
ドン
ドン
そうだ 謝ってもらおう
そしたら気が晴れると思う
どこかに呼び出して謝ってもらおう
どこにしよう… 実家は嫌だし 喫茶店は人がいるし
会議室みたいなところを貸りよう
来るのかな?
来るとして
今までつらかったことを簡潔に話すんだ

謝ってほしい
と言って
謝って
くれるかな?
くれると
して
ごめんなさい
こんなんじゃ
足りないな
土下座しろ!!
そうだ、これで気が晴れ…
え?!
ダメだ なんか ちゃんと
謝られたら 私
止まらなくなる
あのことも
このことも
謝れ〜!!
もっともっと
謝れ!!
謝って済むと
思ってんのか!!
今からぜんぶ
やりなおせ!!
私の人生を
返せ!!
私の要求は今よりもっと
ふくれあがる
謝罪してほしい
というのはこの時
スッパリ消えたけど
気なんて
晴れないんだ
じゃあ
どうすれば…
何をしててもとにかく苦しかった
苦しい…
ハァ…
苦しい
いつになったら
終わるの
ゼェ
ゼェ

……
自分の家に問題があるって気づいたのが29歳だから
その29年分の毒が抜けるのも29年かかるんじゃないか？
妙に納得して覚悟できた
そのくらいかかるよね…
58歳からは穏やかになれるたぶん…
よしそれまでは苦しいのは仕方ないと思おう
そうやって、自分に対しての認識をハッキリさせて
私は親とはもめることあるけど問題というほどではない
問題ない
大丈夫
私は親のことで苦しい
親のことが嫌いでつらい
問題を持っている
私は問題に向き合うべき
講演やセラピーやカウンセリングなど出かけるようにした
親との関係に葛藤のある人のための講演会
精神科のカウンセリング
箱庭セラピー
そういう場所は、存在する言葉や考え方がまったく違う
通常の社会
そんな親いないって
いつまで子どもでいたいの？(笑)
親にも何か考えがあるんだよ
そうは言っても親は親。
あなたにも非はあるよ？
まずはあなたが変わらないと！
育ててくれたんだから感謝しないとね
こっちだとうちはヘンな家庭に思えるけど
なのにヘンじゃないと思わなきゃいけない
親の問題に取り組む人たちの集まる場
うちも同じだよ～
ほんと大変だよね
いくら親でも嫌っていい
自分の気持ち大切に
あなたは悪くない
君のままで生きてていいんだよ
あー！それあるある(笑)
こっちだと典型的な家庭になる～
ラクー
こちら側でたっぷり自分を癒やすのが大切

たまに〝こちら側〟でも
ビックリする言葉を
言われることもある
親を乗り越えられないうちはまだまだお子ちゃまなのかもしれませんね
〝こちら側の先輩〟に
難しいことを言われて
昔の私を見てるみたい
つらいよねぇ
でもいつか、親からの愛を受け取ってね
混乱することもあった
でも
とにかく目から後頭部から
発火しそうなくらい
怒りや悲しみや脱力が
自分から湧いてくる時は
親のせいで
私はこんなに
苦しい……!!
実際に叫ぶわけではなくて脳内イメージ
とことん
恨んで恨んで憎むことにした
「私が悪い」とか「ケンカ両成敗」
とか無理やり解決してきた過去を
ちゃんと
親のせいにして
自分からはがす
カキ
カキ
ベリベリ
私が悪い
親のせい
ポイ
親が悪い
親のせいだった
この作業はとても健康的です
「納得できない」が薄くなることで
MINE
「自分自身」がクリアになってきて

自分自身が喜ぶ
私は…悪くないのに「自分が悪い」と思い込まされていて
それを「自分は悪くない」という正しい位置に動かさなきゃいけない
悪くない
悪い
フツーの人
悪くない
悪い
親に「お前が悪い」と思い込まされている人
それに時間やお金を使わなきゃいけない
親が出せよその金!!
くそっ!!
ちくしょう!!
バタバタ
フツーの人
アロハ〜
は、そのお金と時間で旅行に行ったりする
という感じにビミョウに苦しみの内容とかが変わっていった
それでもこの日になると
Mother's 母の日 Day!
CHOCO
CHOCO
チョコでありがとう
ボー
冴えない表情をしている女優を見ると癒やされた
実は母と確執があるのでは…なのにこんな仕事をしているのでは
ボー
私も母の日のプレゼントあげたほうがいいのかな
今まであげたことないのに
……
なんでこんなことを思うんだろう?
離れて会わなくて連絡とってなくても、
感じてるんだ2人の圧を

何をしでかすか分からなくて怖い…
でもよく考えたら住所を教えてないし
何をされるっていうんだろう
私がこわがっていたのはこういうことだった
22歳で飛び出した実家の部屋に置いてきた
宝物たち
マンガ
逆らう
怒る
捨てる
ボー
宝物
マンガ
なくなるかも
ドキドキドキドキ
私…親じゃなくて
宝物がなくなることが怖かったんだ
すでに捨てられてるかどうかも分からないのに…
宝物…いつか取りに帰ろうと思ってた
つらい…失いたくない…
でも…そのために親と関わらなきゃいけないなら…
…………
よし!宝物をあきらめる!
体が軽くなり
辺りがまぶしくなった気がした
これだ!

家にあるお母さんからもらったけどいらないものを片っぱしから捨ててみた
捨てるたび
スパーン
体が心が
スパーン
軽くなる!!
ゴミ袋
最高!!
私の好みじゃないものがない部屋って
最高!!
本当に快適。おすすめです。
よし決めた…!!
名前も捨てよう!
当時、本名(旧姓)で仕事をしていて親と同じ苗字で呼ばれるのが鳥肌が立つくらいイヤだった
それまでの仕事の実績を失うようでつらかったけど
どうしてもムリだったし
心の平安が保ててすごく助かった!
変えてよかった
この頃から
急須壊れたから買わなきゃ…
通販
カチ
カチ
届いた届いた
ガサ
ガサ
えっ?!
あれっ?!
すごくいい!
急な変化が起こるようになった

それは、なんのへんてつもない
アルミの急須だったが
ああ… いいなァ…
オレンジじゃなくて緑を選んでよかったなァ
いいの買うなァ… 私…
じいいいい・・・ん
ああ… この感じ…
すごい…
自分が選ぶものを自分でいいと思えたのって
初めてなんじゃないだろうか…
小さい頃は思ってたのかな
ああ… うれしい… いい気持ち… ありがたい…
ここ10年くらいずーっとずーっと何しても自分のやることはダメだと思うのが当たり前だったから
ダメだ
おかしい
ヘンなの
何それ
ぜんぜん違う
センス悪い
なってない
自分がいいと思って買ったものすら
自分でいいと思えないなんて
そもそもおかしい…
本当に… 間違った世界にいたんだなァ…

この頃こんな変化もあった
それまでは失敗したら
死ぬしかない!!
と思っていたのが
そっか死ねばいいんだ ホッ
あーー失敗した!
でも…80歳になったらだいたいのことは笑い話だよね~
あんなこともあったのお~
ホホウケるぅ~
あーもーやだやだなんでこんなことに~!!!
と思うようになった
さらに
あ~これ作ってみたいな~
あみぐるみ
手芸
で…
できた… 私
作ってる…ちゃんと作ってる~
前も…あみものしてたことあった
そうだ私、あみもの好きだった
でも途中でやめちゃって
わーその毛糸どうすんの
それをずーーっとからかわれてたから
また毛糸みたいなことになるよ~!!!
趣味
何を見ても
私は趣味とかどうせ
続かないし…
心動かない…
一緒にいた人にからかわれてたせいだったんだ
ベリベリ
あの人のせい
ポイ
あの人のせい

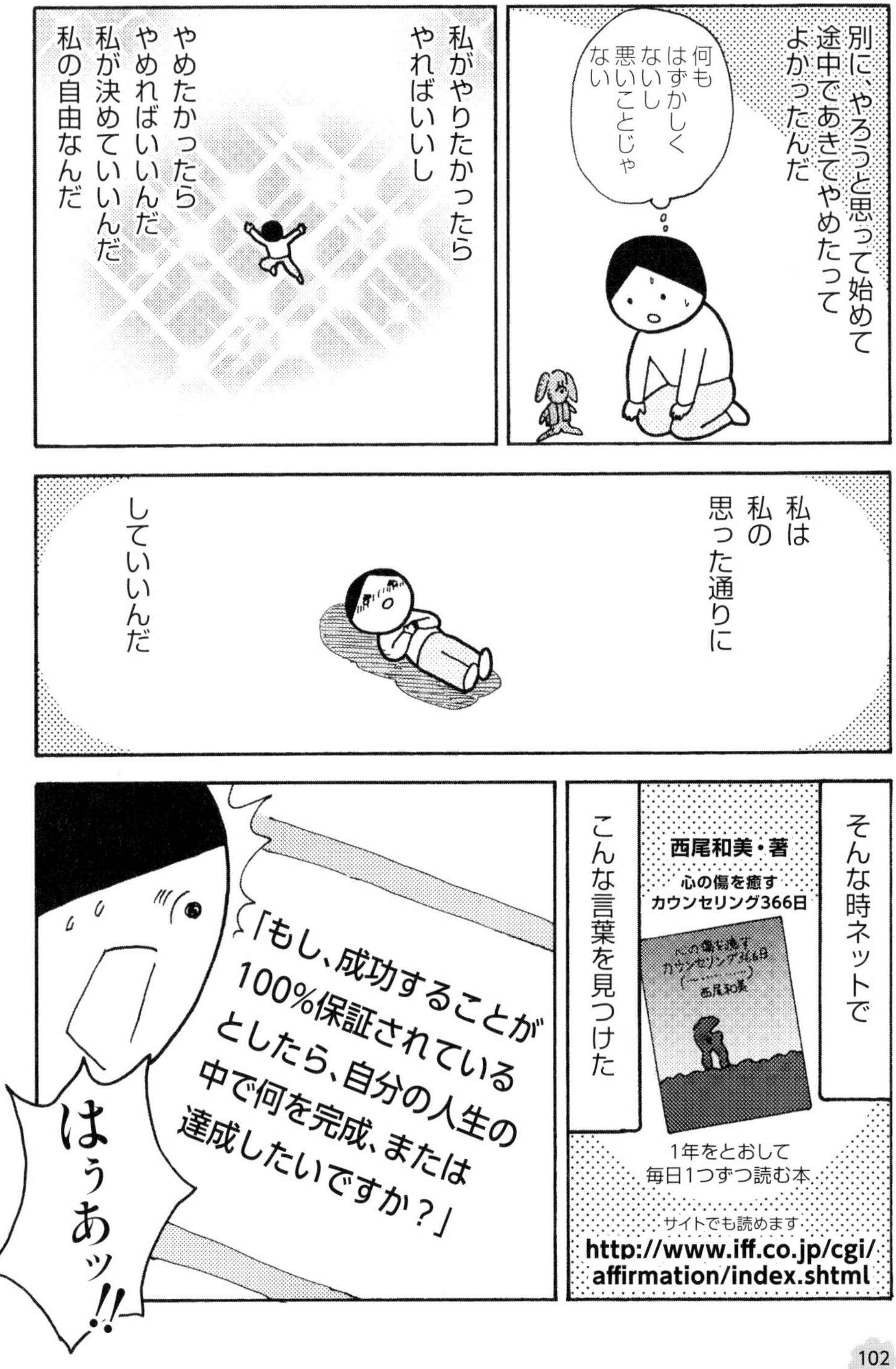
別に、やろうと思って始めて途中であきてやめたってよかったんだ
何もはずかしくないし悪いことじゃない
私がやりたかったらやればいいし
やめたかったらやめればいいんだ
私が決めていいんだ
私の自由なんだ
私は私の思った通りに
していいんだ
そんな時ネットで
こんな言葉を見つけた
西尾和美・著
心の傷を癒す カウンセリング366日
1年をとおして毎日1つずつ読む本
サイトでも読めます
http://www.iff.co.jp/cgi/affirmation/index.shtml
「もし、成功することが100%保証されているとしたら、自分の人生の中で何を完成、または達成したいですか？」
はぅあッ!!

「100％成功するとしたら」なんて前提で考えたことなかった
いつも失敗する前提だった…
そんな風に思っていいんだ！
いつでも見られるように
机の前に貼っておこう
ペタ
うん
ああ…いいな
そんな風に親と一切連絡をとらず
苦しいながらも
やりたいことをやりちらかしてやめたくなったらやめて
自分がいいと思うものを買って身につけて飾っているうちに
DVD
2年が経った
ボ
あれ…？
私の親って生きてるんだっけ？
BUS

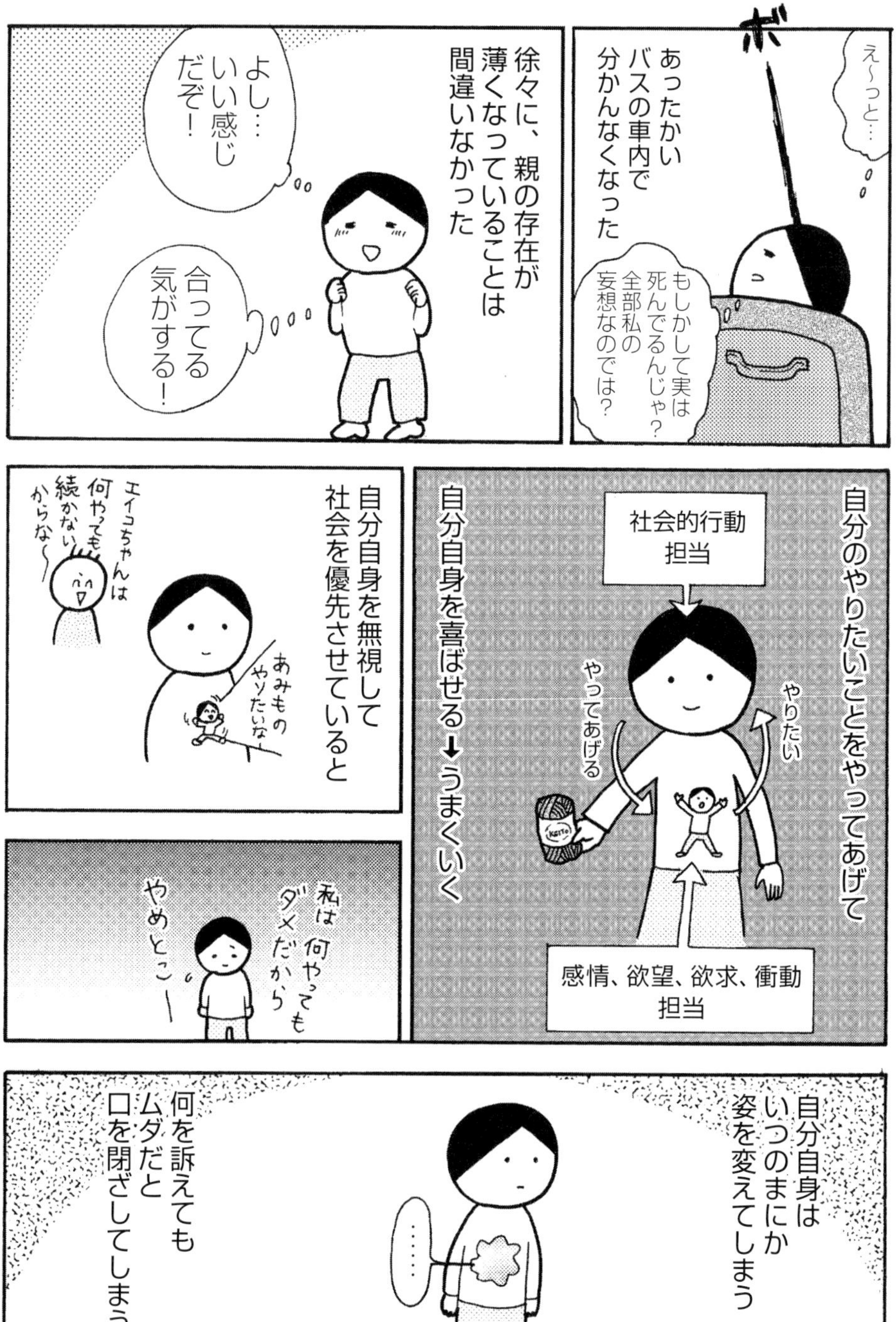

え〜っと…
ボ
あったかい
バスの車内で
分かんなくなった
もしかして実は
死んでるんじゃ？
全部私の
妄想なのでは？
徐々に、親の存在が
薄くなっていることは
間違いなかった
よし…
いい感じ
だぞ！
合ってる
気がする！
自分のやりたいことをやってあげて
自分自身を喜ばせる⬇うまくいく
社会的行動
担当
やりたい
やってあげる
KEITO
感情、欲望、欲求、衝動
担当
自分自身を無視して
社会を優先させていると
エイコちゃんは
何やっても
続かない
からな〜
あみもの
やりたいな
私は何やっても
ダメだから
やめとこー
自分自身は
いつのまにか
姿を変えてしまう
何を訴えても
ムダだと
口を閉ざしてしまう
……

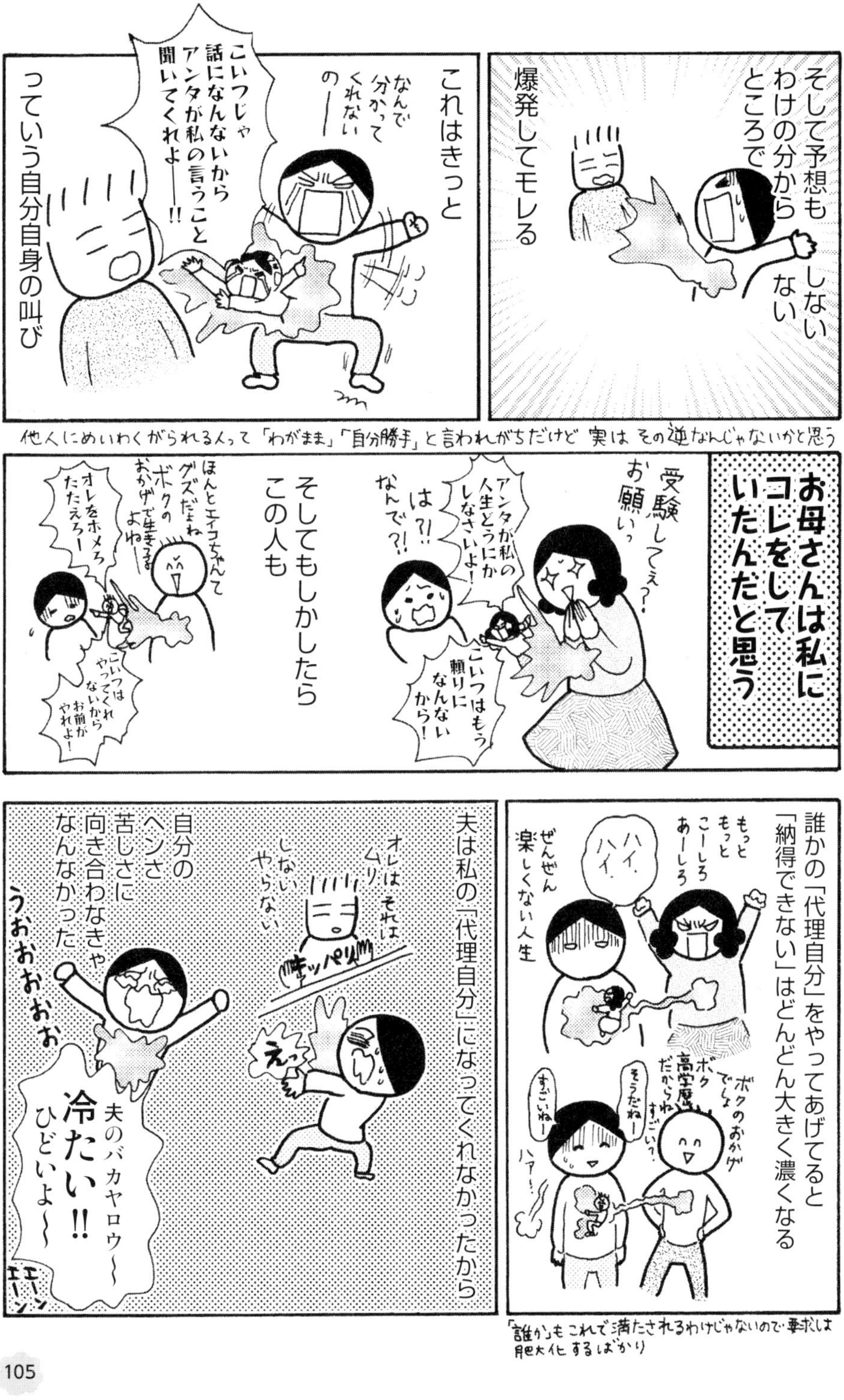
そして予想もしない
わけの分からない
ところで
爆発してモレる
これはきっと
なんで分かってくれないのーー
こいつじゃ話になんないからアンタが私の言うこと聞いてくれよーー!!
っていう自分自身の叫び
他人にめいわくがられる人って「わがまま」「自分勝手」と言われがちだけど 実は その逆なんじゃないかと思う
お母さんは私にコレをしていたんだと思う
受験してぇ? お願いっ
アンタが私の人生どうにかしなさいよ!
こいつはもう頼りになんないから!
は?!! なんで?!!
そしてもしかしたらこの人も
ほんとエイコちゃんてグズだよね ボクのおかげで生きてるよねー
オレをホメろたたえろー
こいつはやってくれないからお前がやれよ!
誰かの「代理自分」をやってあげてると「納得できない」はどんどん大きく濃くなる
もっともっとこーしろあーしろ
ハイ、ハイ、
ぜんぜん楽しくない人生
ボクのおかげでしょ ボク高学歴だからね すごいっ?
そうだねー
すごいねー
ハァ…
夫は私の「代理自分」になってくれなかったから
オレはそれはムリ しない やらない
キッパリ
えっ
自分のヘンさ苦しさに向き合わなきゃなんなかった
うおおおおお
夫のバカヤロウ〜 冷たい!! ひどいよ〜
エーンエーン
「誰か」もこれで満たされるわけじゃないので要求は肥大化するばかり

誰かの「代理自分」をやってたことで
その人と私が混ざってしまっている
親のせいにするのはその混ざりをクリアにする重要な作業
ペリペリ
ポイ
親のせい
池の水をいったん全部抜いてキレイにするのと同じ
しかし社会は「○○のせい」というキーワードに異様にビンカンですぐ罰してくるので
人のせいにするな!
自分の努力がたりない!
自分の問題から逃げるな!
「人のせいにする」を自分自身に禁じているので反応するんだと思う…
あまり表には出さず
心の中でヒッソリタップリ思いっきり親のせいをかみしめよう
そうやって「被害者」だった自分を感じきってみる
イライラ
アイツがあんなことしなければよかったんだ!!
ああ…「アイツがあんなことしなければよかったんだ」と私は思っているんだな…
くやしいね
つらかったね
自分自身をねぎらってあげられるのは自分だけだから
当時は生きるために必死で押し込んでた感情
今さらそんなこと言っても仕方ない
大したことなかったんだから
やっと出てきてくれたのにまた押し込んじゃもったいない
出てきてくれたおかげで
また1コ減ったぞ〜
ポイ
アイツのせい
この時期はそれでも"母"に怯《おび》えていた
スーパー
ビクッ
エイコちゃ〜ん
おかえり〜
マンション
ハッ!!

なんだ…影か…
住所教えてないんだから来られるわけないんだ
ハァ・ハァ…
ドキドキ
今ではこうしてマンガに描いているけど、
友達以外の人には知られたくなかった
一度、知人に軽く話してしまったら
うちっておかーさんがあーでこーですごいつらくてだから会ってなくて
え？どういうこと？
子どもの時からあーでこーで
それは…大変だったね…
でも…それがあったからこその田房さんなんだね…
……
ウルッ
俺は幸せな子ども時代だったから
そんなに私って不幸なのかな…
わかってあげられなくて申し訳ない…
つらくなった
どこでも排出していいってわけじゃない
相手を困らせることもある
なので、誰にも教えてないブログに書き込んだ
何も考えずにバーーーッと
今でも納得できない出来事をつづって
カタカタカタカタカタカタカタ
改めて読んでみると
なんてひどい目にあっていたんだ
でしょでしょ
癒やされる感じがあった

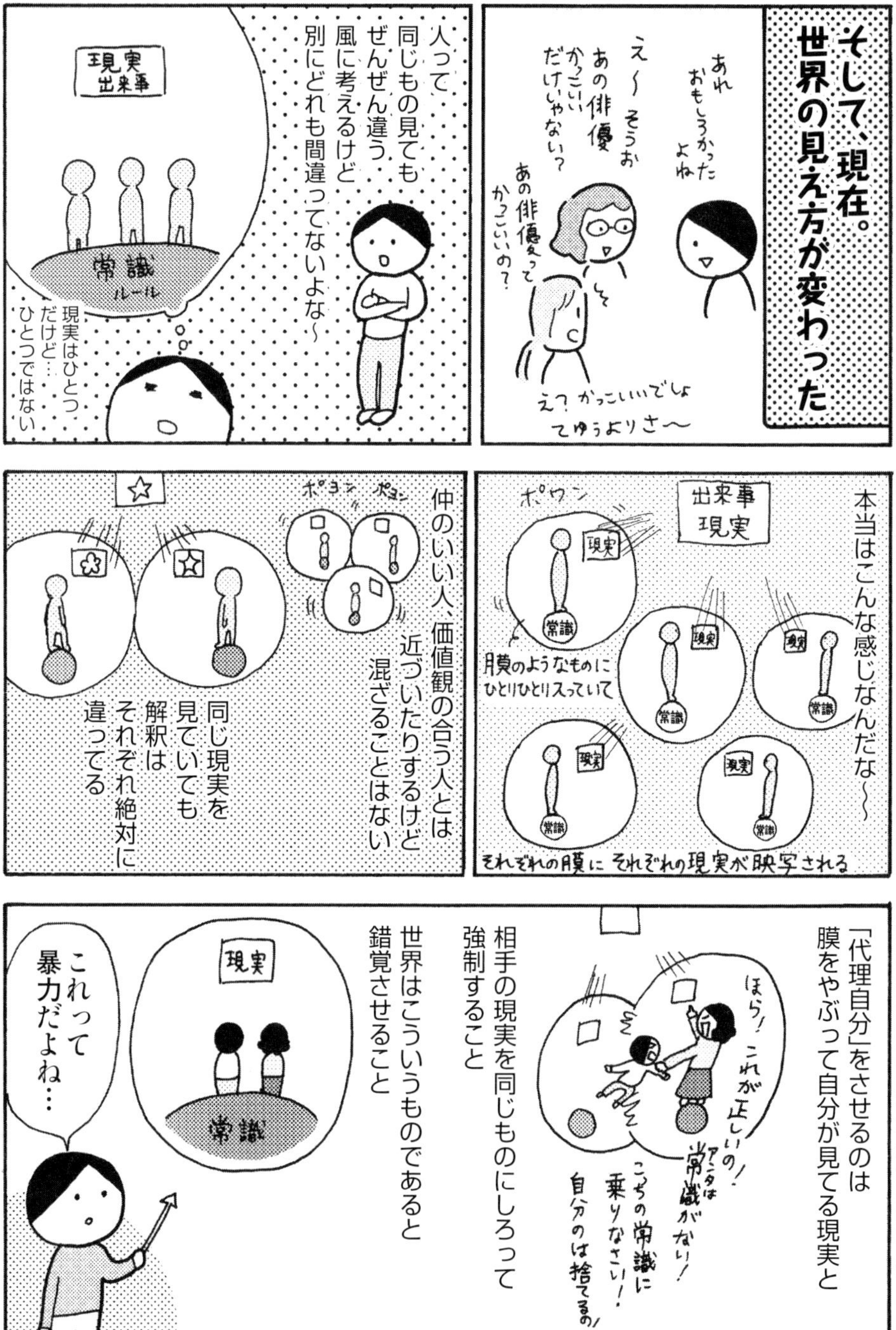
そして、現在。世界の見え方が変わった
あれ おもしろかったよね
え〜 そうお あの俳優 かっこいいだけじゃない?
あの俳優って かっこいいの?
え? かっこいいでしょ てゆうよりさ〜
人って 同じもの見ても ぜんぜん違う 風に考えるけど 別にどれも間違ってないよな〜
現実 出来事
常識 ルール
現実はひとつ だけど… ひとつではない
本当はこんな感じなんだな〜
出来事 現実
ポワン
膜のようなものに ひとりひとり入っていて
現実
常識
それぞれの膜にそれぞれの現実が映写される
仲のいい人、価値観の合う人とは 近づいたりするけど 混ざることはない
ポヨン ポヨン
同じ現実を 見ていても 解釈は それぞれ絶対に 違ってる
「代理自分」をさせるのは 膜をやぶって自分が見てる現実と 相手の現実を同じものにしろって 強制すること
世界はこういうものであると 錯覚させること
ほら! これが正しいの!
アンタは常識がない!
こっちの常識に 乗りなさい!
自分のは捨てるの!
現実
常識
これって 暴力だよね…

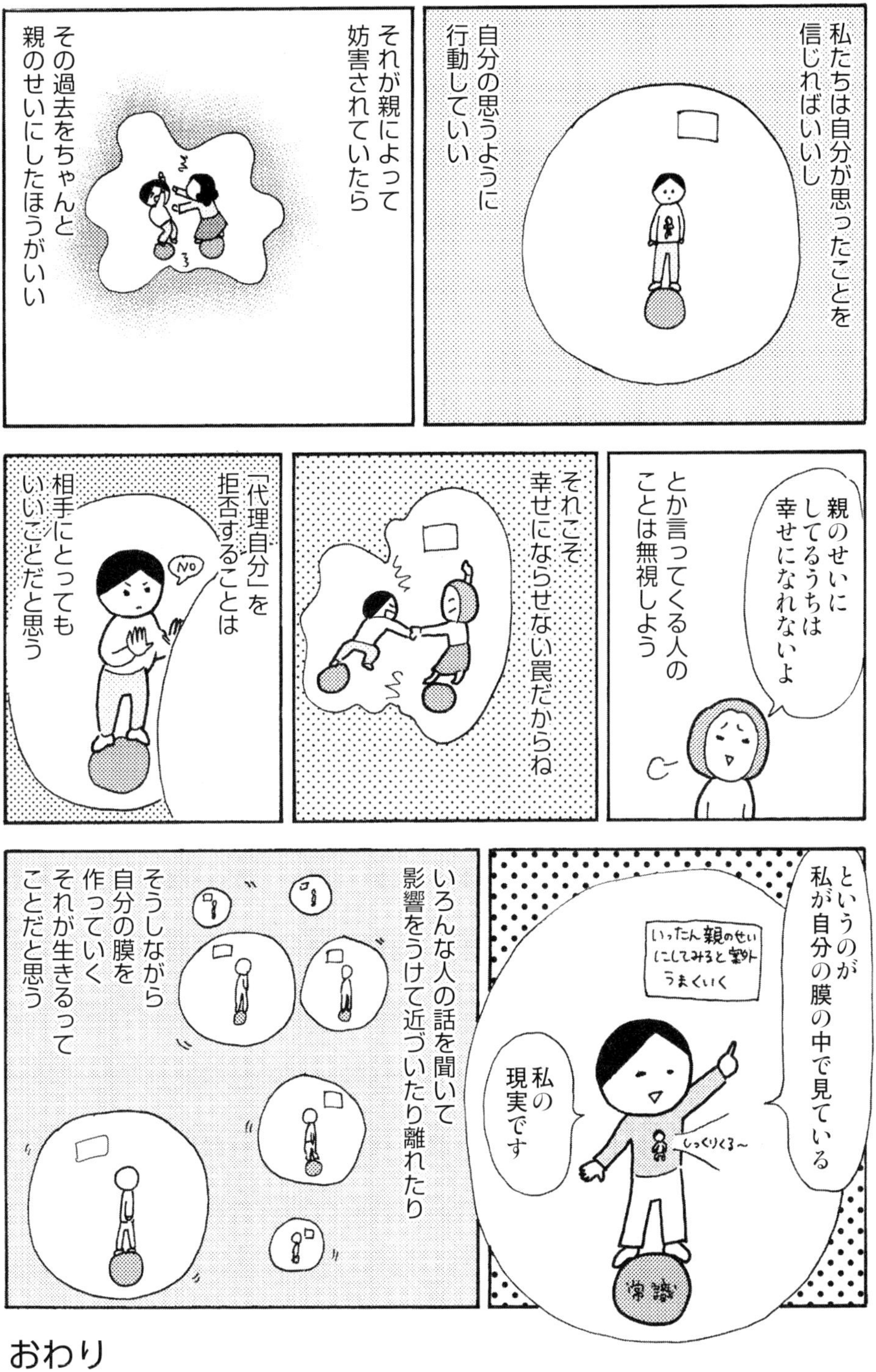
私たちは自分が思ったことを
信じればいいし
自分の思うように
行動していい
それが親によって
妨害されていたら
その過去をちゃんと
親のせいにしたほうがいい
親のせいに
してるうちは
幸せになれないよ
とか言ってくる人の
ことは無視しよう
それこそ
幸せにならせない罠だからね
「代理自分」を
拒否することは
相手にとっても
いいことだと思う
NO
というのが
私が自分の膜の中で見ている
私の
現実です
いったん親のせい
にしてみると案外
うまくいく
しっくりくる〜
常識
いろんな人の話を聞いて
影響をうけて近づいたり離れたり
そうしながら
自分の膜を
作っていく
それが生きるって
ことだと思う

おわり

しんどい母持ちFAQ

私のマンガの読者の方や、講演会などで
よく聞かれることをまとめました。
あくまでも、私の意見ですが、
参考になればうれしいです。

Q

**母のことで悩んでいます。
でも、うちの母は田房さんの
お母さんほどひどくなくて、
「毒母」ではないと思うのですが、
その程度で悩んでしまう
私は甘いですよね。**

A

親のひどさなんて、絶対に比べられないものだと思います。悩んでいる人に会うと、「うちは田房さんちほどじゃない」と言われることが多いですが、そういう人の話す「うち」は、だいたい壮絶で、むしろ私が「うちはそこまでじゃない……」と思ったりします。

問題は、**「他人と比べてどうか」ではなくて、「自分がどんなにつらいのか」**のほうです。他人に「あなたなんていいほうよ」とか言われても、自分がつらければ「つらい」でいいんです。せっかく「つらい」が出てきたのに「○○さんちほどじゃないから」と押さえ込んでしまうと、「納得できない」が増幅して、将来姿を変えて外に出てきます。**つらい時に、ちゃんと「つらい」と思えるように**なると、ラクなのでおすすめです！

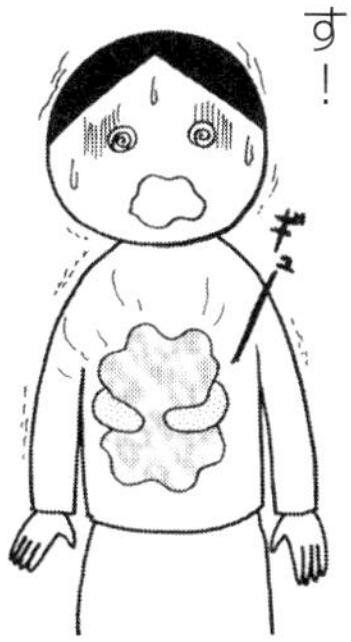

Q

親から逃げるために、参考にした本やサイトがあったら教えてください。

A

本は**『毒になる親　一生苦しむ子供』**（スーザン・フォワード著・講談社＋α文庫）、**『母が重くてたまらない―墓守娘の嘆き』**（信田《のぶた》さよ子著・春秋社）が一番効きました。２冊とも、カウンセラーの方が書いたものです。

精神科医の斎藤環《たまき》さんの『母は娘の人生を支配する　なぜ「母殺し」は難しいのか』（ＮＨＫ出版）、臨床心理学者の西尾和美さんの『アダルト・チルドレン癒しのワークブック―本当の自分を取りもどす16の方法』（学陽書房）も、何度も読みました。

花輪和一《はなわかずいち》さんの漫画『刑務所の前』（小学館）、『天水』（講談社）も、心を分かってくれない親に苦しむ女の子が登場して、その宿命の乗り越え方から自分の心持ちを学びました。

あとは、母親の行動がこれっぽかったので、「境界例人格障害」を専門に取り扱っているサイトをよく読みました。**特に参考になったサイトは「境界例と自己愛の障害からの回復」(http://eggs.g.dgdg.jp/)**です。

自助グループを探しているときには、**斎藤学《さとる》さんのサイトのIFF(http://www.iff.co.jp/)の自助グループ紹介のページ**をよく見ていました。

親との関係に葛藤のある人のための講演会

Q

セラピーを受けてみたいけど、そんなことにお金を使う罪悪感がある。そしてなんとなく怖い気がして、チャレンジできません。

A

私も最初はそうでした。深刻な状況の人が行くものだから、自分には必要ないと思っていたし、行ってみて場違いだったらどうしよう、という不安もありました。何よりも、自分も知らない自分の部分が出てきてしまって、暴れたりしたらどうしよう、みたいなこともすごく心配でした(テレビのオカルト番組でよく見た、霊に取り憑《つ》かれた人がお祓《はら》いで暴れるイメージ)。**でも、セラピーでは、自分が望むこと以外の行動をしたことはありません。**

最初は、3千円までと決めて行っていました。しかしその金額は安すぎるので、だんだんと自分の抵抗感が和らぐ過程を大切にしながら、今は、どうしても受けてみたいセラピーなら、1回5万円くらいまでは出すことがあります。百円を出

したら百円分の商品やサービスを受けるのが普通の買い物ですが、セラピーやカウンセリングなど、自分の問題に向き合うお手伝いをしてもらったり、自分へのケアのお金というのは、普通の買い物の概念と少し違います。**これを受けたから、明日から急に心が晴れて人生がまったく変わる、というものではない**からです。だけど、確実にそのお金の分、そこまで行った時間、帰り道での思考を含めて、**なんらかの変化があったり、それを確認したりすることがあると思います。**

　あなたがもしお金を払ってそういうところに出向いて、何もなかった、行かなきゃよかった、と思うのであれば、セラピーとかではない方向のもので癒やされるタイプだと思います。一度、出向いてみて、そういうことを知るのも楽しいと思います。

　セラピーの探し方ですが、私の場合は、「心理療法」と検索して、出てきた「●●セラピー」「××療法」という名前をリストにしました。そしてその名前がつく**本を片っぱしから図書館で借りて、ザーッと読んで、自分に合ったものを選びました。**そこで見つけたのが「ゲシュタルトセラピー」（『キレる私をやめたい』（竹書房）で詳しく紹介しています）です。セラピーはたくさんありますが、「ゲシュタルトセラピー」は自分にとても合っていると思います。最初の衝撃がすごくて、ファシリテーターを目指して今も勉強会に通っています。

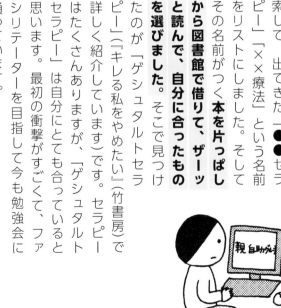

Q

「毒母」の話を見聞きするたびに、自分が子どもにしていることに思い当たることがあり、「私って毒母かも…？」と不安になってしまいます。毒母にならないためにはどうすればいいですか？

A

私が思う、「毒母」にならないための、というか、いわゆる**「連鎖」をしないための行動の第一歩は、「被害者としての自分をやりきること」**だと思っています。

親からされた嫌なことで傷ついた自分。それを癒やさずに、「大したことない」「自分は平気」「昔のことだし」と流してしまうのは、**親と同じことを、自分が自分にやっている、ということなんです。**連鎖というと、「親から嫌なことをされた自分が今度は同じことを子どもへ」というイメージがありますが、そうじゃない。「親から嫌なことをされた自分が、同じことを自分(の心)へ」やっているんです。段階が実は一個多いのです。

自分が嫌だったことを、子どもにするのはやめよう、とどんなに頭で思っていても、実行に移すのが難しいのは、**自分への連鎖をやめていないからです。**まずは自分自身への連鎖を止める、ということをしないと、子どもへ連鎖します。

親からされて嫌だったこと苦しかったことを流さないで、「私は被害者だったんだ」と認めて、癒やしてあげよう。癒やさないで放置するというのは、結果的に加害者の行動を肯定するってことになっちゃうので、自分もやってしまう、というサイクルだと思います。**自分の加害に向き合うためには、被害から。**それが順番です！

しんどい母から逃げる!!術

〈物理的な逃げ方編〉

① 家を出る

のはやっぱりよいと思う

とても難しい場合もあるが…

私の場合は、母と同じような彼氏の家に住んじゃったので大変だったけど…

「あのまま実家にいたほうがよかった」と思ったことは一度もありません。

しんどい親を持つ人で「マンスリーマンションに逃げた」という人もとても多いです

敷金、礼金、仲介料
保証金ゼロ、
家賃4万円台〜とか

地域によると思いますが、50万円あればとりあえずワンルームとかは借りられます。（もっと安い場合もある！）
見に行くってだけでもいいと思う。（こんなとこ住むなら実家のほうがマシだわ）とか思ったりするのも、次の日の心持ちが変わる！次につながる！

② 連絡を断つ

とにかく電話に出ない
メールは無視

電話帳の名前を「母」から「出ちゃダメ」とかにする
着拒にもした

出ない
着信

一番注意なのは自分の罪悪感や迷い

これでいいのだろうか?
答え
いい
親を粗末にしていいのだろうか?
答え
粗末とかじゃない
あとでコーカイするんじゃなかろうか
答え
しない

③ 住所を教えない

それでも何かしらで関わらなければならない場合でも

エイコちゃん今どこに住んでるのオ？
……

住所は死守する

うちは〝のらりくらり〟でかわせたが、
そうはいかない親もいると思います
それでも絶対教えるな！

④ 公的機関を頼る

もし、しんどい母が自宅に突撃してきてしまった場合

帰ってください
帰ってください
帰ってください

ドア越しに3回言って帰らなければ110番してよいそうです。

実の親でも

弁護士に相談しておくという手もある

遺産相続
放棄の仕方

理由があれば介護は「しない」という選択もできる

行政がしなければいけない決まりになっている

こういう情報は実行しなくても、知っているだけで心の軽さが違う

しんどい母から逃げる!!術
〈心理的な逃げ方編〉
①
捨てる
母からもらったけど
全然いらないもの
使ってないもの、結構あると思います
それらをすべて捨てる!!
バーッ
ゴミ
ゴミ
スッキリ
捨てたあとは
← このスッキリ感を目一杯かみしめよう
②
あきらめる
ラララ〜
この人はどうして話が通じないんだろう?!
というところから脱する(これがめちゃ難しいのですが…)
本来、人間はこうなわけです
現実
A
B
同じ現実を見ても違う解釈をするもの
だけど、しんどい母は「私たち子どもを自分の「膜」の中に入れようとする
現実
B
つづく

だから

ほら現実はBよB!!
現実
B
A
この人なんなの?! どう見てもAでしょうが!!
ゾワゾワ～

親の言うことに嫌悪感を感じたり耐えられないと思うのは、親の「膜」に入れられてる証

「謝れ」と思うのも入れられてる証

Aなんだよ!! Bじゃなかったって謝れ!!
A
B
?? キョトン

親の「膜」の中で謝罪を要求するのは本当にムダなことです
残念ながら…

③ 自分に集中する

親の「膜」に入ってるとどーしても

お母さんはこう言うけど
私とお母さんどっちが正しいの?!
あの時もこの時も私が悪かったの?!
お母さんだって!!
A
B

話の主語の「お母さん」登場率が高い

ひとりの「膜」だと

私はこうしたい
私はこういう人
だからこうする

主語が「私」になってくる

母《しんどい》から逃げる!!のは母の「膜」から出るってこと
出るためには

自分のイヤなことはやらない
好きなことに囲まれる
自分に興味を持つ
自分をホメる
自分を中心に考える

「膜」に入れたがる人が「それはわがまま」と称することを、する

そうすると「膜」から出られます

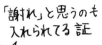

ここからは私が日常的に行なっている「ひとりセラピー」や効果のあったものをご紹介します♪

ものすごく弱って
どうしていいか分かからない時
寝る
睡眠は万能!
しかし こういう時に限って
眠れないものなんですよね
水晶や鉱石の原石や仏像を見る
ポスターでも可
物体を見つめて「どうしたらいいのか」とひたすら尋ねると、フッと体の中に答えが浮かんだりします
カードをする
私が一番好きなのは
OH《オー》カード
チャック・スペザーノの「セルフ・セラピー・カード」も効く
初心者向けはドリーン・バーチューの「オラクルカード」
コンビニで売ってる「ダメな時に読む本!」みたいなのも意外と使える
偉人の名言集とかクサいタイトルの本
もうムリ!! な時に読む本
偉人に学ぶ
君は君でいい 君がいい
ふだんは あまり手に取りたくないけど、念のため買っておく
生きてるだけで それでいい
日頃のちょっとしたモヤモヤとかは
この4つでまかなってます
もうちょっと根深い問題とかだと、次のページのようなことをします
お金を払う

セラピーに行く

私はもっぱらゲシュタルトセラピーですが

ゲシュタルトセラピーのことは、マンガ『キレる私をやめたい』(竹書房・刊)に詳しく書きました!

気分を変えて他のセラピーを開拓することもあります

「セラピー（スペース）東京」で検索して
（自分の地域名）

ホームページの感じや料金を見て決める

カウンセリングや精神科の療法にも行く

セラピーを開拓するノリで、気になったら行きます

東京・新橋の「インサイト・カウンセリング」は室長の大嶋信頼さんの著書を読んでみたら面白そうで行ってみた

すっごく独特なカウンセリング!

東京・高田馬場の「早稲田通り心のクリニック」のUSPT(人格統合療法)も、上の子を妊娠・産後に通ってました

友達に教えてもらった。
USPTについては『呪詛抜きダイエット』(大和書房・刊)に詳しく書きました!

占いも好きです!

お試しでいろいろ行ってみてフィーリングの合う人を見つけておく

私は占い師は圧倒的に男性のほうが合う

セラピーもカウンセリングも占いもほんと〜〜〜っに合わない人とは合わないので(私には効果があっても誰にでも合うわけじゃない)合わないなと思ったら次を探そう

お金を払うことで自然と「自分に合うか」を厳しめに判定することができる
こういうの自体好きじゃない人もいるし
こういったことにお金を使うのは結構大切なことです
そうやって自分を知ることができる
失敗は当然あります

おまもり シート

しんどい母から逃げる時
つらくなったら このシートを使ってみて

待ち受けに

貼る

持ち歩く

あなたは

悪くない

罪悪感は

罠

自分の中の

自分を守る

逃げることは

悪いことじゃない

コピーして切り取ってお使いください

この私で

暮らしていく

それでも私は

生きていく

私を

好きになっていく

私は
私を

信じます

コピーして切り取ってお使いください

おわりに

本当につらかった時、
ネットの相談掲示板に書き込みました。
そうしたら、知らない人がこう言ってくれました。

「あなたがいま元気に生きているのは、
あなたの生命力が強いから」

この言葉が、パーッと胸に染みました。
私が生きていることは、誰のおかげでもない。
私の生命力が強いおかげ。

親から、先生から、身近な人から
「お前はダメだ」とくり返し言われてきて、
自分には誉められるところがないと思ってた。
毒親持ちの人に向けられた励ましの言葉
「あなたは悪くない、自信を持って」
を見ても、心の底からそう思えませんでした。

でも、「私は生命力が強いから、ここまで生きてこられた」というフレーズは、私の乾ききった自尊心に、水のようにみるみる浸透してきて、潤してくれました。

親についての問題が、今は軽くなった私も、嫌なことつらいこと、毎日、問題は尽きません。だけどそれを乗り越えて、たまには目を逸《そ》らしながら向き合うことが生きるってことかなと思っています。

あなたも私も、生命力が強いから、大丈夫。

読んでくださったあなたさま、書き切るまで見守ってくださった小学館のみなさま、担当の片山土布さま、この本に関わってくださったみなさまに感謝いたします！

2018年1月末日

田房永子

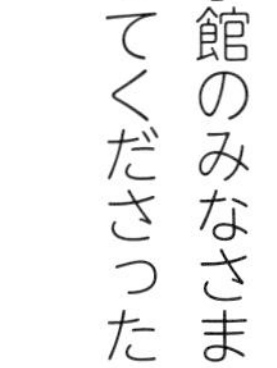

しんどい母から逃げる!!
～いったん親のせいにしてみたら案外うまくいった～

2018年3月5日　初版第1刷発行

著　　者　田房永子

発 行 人　清水芳郎

発 行 所　株式会社小学館
〒101-8001　東京都千代田区一ツ橋2-3-1
編　　集　03-3230-5446
販　　売　03-5281-3555

印 刷 所　凸版印刷株式会社
製 本 所　牧製本印刷株式会社

ISBN978-4-09-388608-6

デザイン　間島尚次（コプラ）

編　　集　片山土布
制　　作　太田真由美
販　　売　小菅さやか
宣　　伝　島田由紀

[初出]
小学館 WEB マガジン「BOOK PEOPLE」連載「いったん親のせいにしてみたら案外うまくいった」（P.10 ～ 89）他はすべて描き下ろしです